AtV

Oliver Schröm, geboren 1964, ist preisgekrönter Journalist, Fernseh- und Buchautor. Seine Recherchen zum Netzwerk der Al Qaida und deren Anschlägen fanden internationale Beachtung. Bei AtV erschienen »Im Schatten des Schakals. Carlos und die Wegbereiter des internationalen Terrorismus« (2004) sowie »Tödliche Fehler. Das Versagen von Politik und Geheimdiensten im Umfeld des 11. September« (2005, zusammen mit Dirk Laabs).

Seit mehr als zehn Jahren führen Anhänger der Al Qaida einen gnadenlosen Feldzug gegen die USA und die westliche Welt. Den »Kreuzzüglern« und »Ungläubigen« wollen sie schwere Schläge beibringen, um sie in ihrem Selbstverständnis zu erschüttern und zur Akzeptanz islamischer Wertvorstellungen zu zwingen. Erstmalig wird hier die Geschichte des Terrornetzwerks von den Anfängen bis in die Gegenwart dargestellt. Behandelt werden die Karrieren von Osama Bin Laden, seinem Chefplaner Khalid Scheich Mohammed und den Verantwortlichen vom 11. September 2001. Anhand der zahlreichen Anschläge von New York bis Bali beschreibt Oliver Schröm die Entwicklung und Funktionsweise der global agierenden Organisation. Wie bereits in seinen früheren Büchern gelingt es ihm, das Geschehen äußerst aktionsreich und anschaulich zu schildern. Die Presse urteilte über seinen letzten Politreport zum Terrorismus der 80er Jahre: »Das Ganze ist nicht nur detailliert recherchiert, sondern zugleich hervorragend geschrieben und spannender als jeder Krimi.«

Oliver Schröm

Al Qaida

Akteure, Strukturen, Attentate

Aufbau Taschenbuch Verlag

Mit 15 Abbildungen

ISBN 3-7466-8136-7

1. Auflage 2005
Aufbau Taschenbuch Verlag GmbH, Berlin 2005

Umschlaggestaltung gold, Anke Fesel/Kai Dieterich
unter Verwendung eines Fotos von Corbis
Druck und Binden GGP Media GmbH, Pößneck
Printed in Germany

www.aufbau-taschenbuch.de

Inhalt

Prolog 7
Die Verhaftung von Khalid Scheich Mohammed, des Gehirns von *Al Qaida*, März 2003

In tödlicher Mission 15
Die erste große Aktion von Khalid Scheich Mohammed und Ramzi Yousef: Der Bombenanschlag auf das World Trade Center im Februar 1993

Die Operation »Bojinka« 51
Sprengstoffanschläge gegen US-amerikanische Flugzeuge (1994/95) – Vorbereitungen für ein Papst-Attentat in Manila – Der Aufbau des internationalen Terrornetzwerkes von Osama Bin Laden

Im Krieg gegen die »Kreuzzügler« 95
Die Verhaftung der ersten Attentäter (1996) – Ausbau von *Al Qaida* in Afghanistan – Bombenanschläge auf US-Einrichtungen in Saudi-Arabien, Kenia und Tansania (1998)

Die Operation »Heiliger Dienstag« 125
Die Hamburger Terrorzelle um Mohammed Atta und Ramzi Binalshibh – Anschlag auf das US-Kriegsschiff USS Cole (2000) – Vorbereitung der Hamburger Zelle und ihrer Helfershelfer auf die Attentate in New York und Washington – Die Anschläge vom 11. September 2001

Touristen im Visier von *Al Qaida* 155
Die Jagd nach den Drahtziehern vom 11. September – Bombenattentate auf den Ferieninseln Djerba und Bali – Verhaftung von Ramzi Binalshibh, Koordinator der Anschläge in den USA – Das geheime Biowaffenprogramm der *Al Qaida*

Epilog 179
Der Kampf gegen den Terror darf nicht zur Preisgabe demokratischer Rechte führen

Anhang
Anmerkungen 185
Chronik des internationalen Terrorismus 195
Die Attentäter vom 11. September 2001 202
Bibliographie 204
Abbildungsnachweis 207
Personenregister 208

Prolog

Die Verhaftung von Khalid Scheich Mohammed, des Gehirns von Al Qaida, *März 2003*

Es ist kurz vor Morgengrauen, als sich mehrere Männer an das Grundstück in der Nisar Road Nr. 18 a heranschleichen. Sie tragen schußsichere Westen und haben automatische Waffen im Anschlag. Geduckt huschen sie an der mannshohen Grundstücksmauer entlang, die weiß getüncht ist. An den Stellen, wo Efeu wächst und sie nicht so sehr auffallen, halten sie kurz inne.

Die Männer gehören zu einem Sonderkommando des Inter-Service Intelligence (ISI), des berüchtigten pakistanischen Militärgeheimdienstes. Einige der Agenten bereiten das Überklettern der Mauer vor, andere schleichen sich an die Einfahrt heran. Das schmiedeeiserne Tor ist mit einer Kette und einem Vorhängeschloß gesichert. Mit einem Bolzenschneider wird das Schloß nahezu lautlos geknackt. Die Agenten entsichern ihre Schnellfeuergewehre.[1]

Auf dem Schild neben der Toreinfahrt steht »Dr. A. Q. Khan«. Der vollständige Name des Hausbesitzers lautet Abdul Qadoos Khan. Der 72jährige Mikrobiologe ist am Kardiologischen Institut von Rawalpindi, neun Meilen südöstlich von Pakistans Hauptstadt Islamabad, ein angesehener Wissenschaftler. In dem zweistöckigen Haus lebt er zusammen mit seiner Frau, seinem 42jährigen Sohn Ahmed Abdul sowie seiner Schwiegertochter und den beiden Enkelkindern von acht und zwölf Jahren. Ganz in der Nähe befindet sich auch die Residenz des pakistanischen Präsidenten General Pervez Musharraf.

Khan ist ein führendes Mitglied der pakistanischen Partei Jamaat-e-Islami, die eine Schlüsselrolle im Oppositionsbündnis gegen die amerikafreundliche Militärregierung einnimmt. Das ist aber nicht der Grund, warum sein Anwesen seit Tagen überwacht wird, wobei sogar modernste, satellitengestützte Technik aus den USA Anwendung findet. Die ISI-Agenten wissen, daß Khan und seine Frau gar nicht zu Hause sind. Ihnen geht es auch weniger um den Mikrobiologen als vielmehr um seinen Gast. In ihm vermuten sie den weltweit gesuchten Khalid Scheich Mohammed, den Operationschef von *Al Qaida*, den vermutlich brutalsten Terroristen der Weltgeschichte.

Osama Bin Laden ist wohl die Symbolfigur von *Al Qaida*, aber Scheich Mohammed gilt als der Architekt der Organisation. Der 37jährige Pakistani soll neben einer Reihe von Attentaten auch für die Anschläge vom 11. September 2001 verantwortlich sein. Er hat sich offenbar den teuflischen Plan ausgedacht, entführte Flugzeuge als Waffen einzusetzen und Tausende von Menschen auf einmal zu ermorden. Für ihn ist das ein legitimes Mittel im Kampf gegen die westliche Welt und alle Ungläubigen.

Auf seinen Kopf hat die US-Regierung eine Belohnung von 25 Millionen US-Dollar ausgesetzt, genausoviel wie für Osama Bin Laden. Aber KSM, wie Khalid Scheich Mohammed in amerikanischen Ermittlerkreisen der Einfachheit halber genannt wird, ist schlau, weltgewandt und spricht mehrere Sprachen. Wenn es die Situation erfordert, wird aus dem frommen Moslem in traditioneller Tracht ein charmanter, unterhaltsamer Frauenheld im Smoking. Obwohl er ständig auf der Flucht ist, gejagt von US-Bundespolizei FBI und der CIA sowie einem halben Dutzend anderer Geheimdienste, dirigiert er weiterhin verschiedene Terrorzellen der *Al Qaida* in der ganzen Welt.

Mehrmals ist es ihm schon gelungen, seinen Häschern zu entwischen. Am 10. September 2002, kurz vor dem ersten

Jahrestag der Anschläge in den USA, hatten ihn Zielfahnder des FBI und der CIA in einem Wohnblock in Karatschi ausfindig gemacht. Doch als ISI-Agenten dann das Versteck stürmten und nach einer wilden Schießerei mehrere Personen verhaftet wurden, war KSM nicht darunter. Er hatte es geschafft, in letzter Sekunde zu entkommen.

Aber diesmal sind die ISI-Agenten besser vorbereitet. Tagelang haben sie das Haus observiert. Sie wissen, daß sich Scheich Mohammed zusammen mit fünf weiteren Personen in dem Gebäude aufhält. Alles ist umstellt, sämtliche Fluchtwege sind abgeschnitten, KSM sitzt in der Falle. Sie warten nur noch auf den Einsatzbefehl.

Über Funk kommt um drei Uhr morgens der Befehl zum Zugriff. Es ist Samstag, der 1. März 2003. In Sekunden rennen die Einsatzkräfte durch den Vorgarten auf die Haustür zu. Sie wird mit grobem Gerät blitzschnell aufgebrochen. Im Innern des Hauses fallen dann Schüsse. Es ist ein Schrei zu hören. Ein Mitglied des Kommandos wird durch eine Salve aus einer AK-47 getroffen und am Bein verletzt. Während die eine Gruppe Ahmed Abdul überwältigt und dessen Frau und Kinder in das Badezimmer sperrt, stürmt die andere Gruppe ins Gästezimmer zu Scheich Mohammed und einem weiteren Mitglied der *Al Qaida*.

Sie überraschen die Terroristen im Schlaf. Bevor KSM richtig weiß, wie ihm geschieht, wird er von ISI-Agenten aus dem Bett gezerrt und gegen die Zimmerwand gedrückt. Man zieht ihm eine schwarze Kapuze über den Kopf und legt Handschellen an. Er wird sofort abgeführt. Die Verhaftung verläuft ohne weitere Zwischenfälle.

Die Männer des Sonderkommandos stellen anschließend das gesamte Haus auf den Kopf. Sie reißen alle Schranktüren und Schubladen auf und werfen den Inhalt meist achtlos auf den Boden. Am ergiebigsten ist die Durchsuchungsaktion im Zimmer von Scheich Mohammed. Dort finden sie Mobiltelefone, Computerdisketten, Adreßbücher und Kalender. Die wertvolle Beute füllt den ganzen Kofferraum eines Einsatzwagens und wird sofort zum Flughafen gebracht und nach Washington ausgeflogen. Dort gibt es im CIA-Hauptquartier in Langeley seit langem eine hundertköpfige Spezialeinheit, die sich ausschließlich mit dem Aufspüren von Osama Bin Laden und seiner Führungsgruppe befaßt.

Scheich Mohammed wird derweil zu einem Militärstützpunkt in Rawalpindi gebracht. ISI-Agenten wollen ihn noch vernehmen, bevor sie ihn den Amerikanern übergeben. Er könnte vermutlich die Lücken der Ermittler schließen, die seit einiger Zeit versuchen, hinter die Strukturen von *Al Qaida* zu kommen und die wichtigsten Akteure zu enttarnen. KSM ist ein Veteran des Terrors. Der »Graubart«, wie er sich selbst nennt, gilt mit seinen 37 Jahren als eines der ältesten Mitglieder in der Führungsriege der Untergrundorganisation. Er ist vermutlich der einzige, der die Zusammenhänge der Attentate kennt, der weiß, wie sie finanziert wurden und wer daran beteiligt war. Über ihn könnte auch eine direkte Spur zu Osama Bin Laden führen.

Als auf dem Militärstützpunkt dem kleinen, beleibten Mann die schwarze Kapuze vom Kopf gezogen wird, macht sich Aufregung breit. Die ISI-Agenten sind sich plötzlich nicht mehr sicher, ob sie den Richtigen erwischt haben. Der Mann vor ihnen sieht völlig anders aus als auf den beiden Fotos des FBI-Fahndungsplakates. Dort ist er mit traditioneller Kopftracht, Brille und langem Vollbart zu sehen sowie mit gestutztem Bart in Anzug und Krawatte. Aber weder mit dem einen noch mit dem anderen Foto scheint der Mann vor ihnen etwas gemein zu haben. Er sieht deutlich älter aus und hat einen schwarz-grauen Oberlippenbart. In seiner Nachtbekleidung, einem weißen T-Shirt mit großem Ausschnitt, das seine kräftige Brustbehaarung hervortreten läßt, wirkt er zudem völlig anders. Die Vernehmungsbeamten blickt er müde, doch voller Verachtung an.

»Es wird Pakistan überhaupt nichts helfen, wenn ihr hier

die Ersatz-Amerikaner spielt«,[2] beschimpft er sie plötzlich. Das Schweigen ist gebrochen. Die Vernehmer haken nach. Sie wollen wissen, ob Osama Bin Laden noch lebt.

»Gelobt sei Allah, unser Scheich lebt. Ich traf ihn vor nur einem Monat«, erklärt KSM. »Der Scheich ist ein Held des Islams, und ich bin sein kleiner Diener. Mein Leben, meine Familie, mein Geld, alles würde ich für ihn opfern.«[3] Nun sind sich die ISI-Agenten sicher, daß sie doch den richtigen Mann gefaßt haben.

US-Präsident George W. Bush ist geradezu aus dem Häuschen, als er von der Verhaftung erfährt: »Das ist fantastisch!« triumphiert er in Camp David an diesem Samstagmorgen. »Wir müssen der Welt klarmachen, was für ein großer Schlag das ist«, weist er seine Sicherheitsberaterin Condoleezza Rice an.[4] Erfolgsmeldungen im Kampf gegen den Terrorismus hat Bush auch dringend nötig. Nach den Anschlägen vom 11. September erklärte er die Jagd nach den Verantwortlichen zum Schwerpunkt seiner Amtszeit. Bush verknüpfte seine politische Zukunft mit einem notwendigen Erfolg im »Krieg gegen den Terrorismus«. Per Dekret erteilte er der CIA die Lizenz zum Töten und verkündete im Fernsehen, er wolle Osama Bin Laden »tot oder lebendig«.

In seiner Schreibtischschublade im Büro im Oval Office des Weißen Hauses bewahre er ein Fahndungsplakat des FBI mit Namen und Fotos der 22 meistgesuchten Terroristen auf, verriet Bush dem internationalen Pressekorps. Sobald einer davon verhaftet oder erschossen werde, wolle er eigenhändig dessen Namen und Foto durchstreichen.

Bislang gibt es auf dieser Liste erst ein einziges Kreuz. Es überdeckt das Foto von Mohammed Atef, dem Militärchef von *Al Qaida*, der bei der Bombardierung Afghanistans eher zufällig getötet wurde. Nach 18 Monaten »Krieg gegen den Terror« ist die Bilanz von Bush ernüchternd. Weder ist es dem US-Präsidenten gelungen, das Netzwerk der *Al Qaida* zu zerschlagen, noch deren führende Köpfe dingfest oder unschädlich zu machen. Vielmehr muß sich Bush zwischenzeitlich kritische Fragen über den Sinn und Zweck der heftigen Bombardements auf Afghanistan gefallen lassen. Bereits nach den ersten Angriffsflügen waren der US-Luftwaffe die Ziele ausgegangen. Terrorismus läßt sich eben nicht mit herkömmlichen, militärischen Mitteln bekämpfen.

Von seinen vollmundigen Versprechen, Osama Bin Laden alsbald erledigt zu haben, will Bush längst nichts mehr wissen. Er wagt es nicht einmal mehr, den Namen des Terrorpaten überhaupt in den Mund zu nehmen. Das letzte Mal hat er Osama Bin Laden vor gut einem Jahr in einer Rede erwähnt, und in der Öffentlichkeit wird seit acht Monaten so gut wie nicht mehr von ihm gesprochen. Statt dessen hat er nun den irakischen Diktator Saddam Hussein zum Staatsfeind Nummer Eins auserkoren.

Die Verhaftung von Khalid Scheich Mohammed verschafft Bush etwas Luft in seinem bislang erfolglosen »Krieg gegen den Terror«. Auf der Web-Seite des FBI werden dicke rote Balken über die beiden Fahndungsfotos von Scheich Mohammed gesetzt. Darauf ist in weißen Lettern zu lesen: Verhaftet.

Die Festnahme beendet zugleich eine frustrierend lange Phase im Antiterrorkampf der USA. Fast ein Jahrzehnt lang hatten die Ermittler KSM erfolglos auf fünf Kontinenten gejagt, wobei sie seine Bedeutung jedoch völlig verkannten. Der kleinwüchsige, korpulente Scheich war bis zu seiner Verhaftung das Gehirn von *Al Qaida*. Noch nie zuvor hatte ein Akteur des internationalen Terrorismus so viele Menschenleben auf dem Gewissen.

Die Blutspur von Scheich Mohammed reicht zurück bis 1993, als am 26. Februar Terroristen erstmals versuchten, die Zwillingstürme des World Trade Center zum Einsturz zu bringen. Damals zündeten sie in der Tiefgarage eine 1200-Pfund-Bombe, die in einem Lieferwagen versteckt war.

Khalid Scheich Mohammed: Die Verhaftung des »Gehirns« der *Al Qaida* wird sofort auf der Webseite der US-Bundespolizei FBI vermeldet.

In tödlicher Mission

Die erste große Aktion von Khalid Scheich Mohammed und Ramzi Yousef: Der Bombenanschlag auf das World Trade Center im Februar 1993

Es ist kalt an diesem frühen Freitagnachmittag in New Jersey. Ramzi Yousef steht am Ufer des Hudson River. Es schneit. Gebannt schaut er hinüber auf die Südspitze Manhattans. Aus dem Nordturm des World Trade Center steigen dicke schwarze Rauchschwaden, aber das Gebäude selbst bewegt sich nicht. Yousef überlegt angestrengt, was sie falsch gemacht haben.[1]

Monatelang war alles sorgfältig und bis ins kleinste Detail geplant worden. Den Lieferwagen mit der 1200-Pfund-Bombe hatten sie in der Tiefgarage direkt neben der Wand mit den Stützpfeilern geparkt. Seinen Berechnungen nach hätte die Druckwelle ausreichen müssen, um den ganzen Turm zum Einsturz zu bringen. Das Monstrum aus Stahl, Glas und Beton sollte wie ein Baum fallen und dabei den Südturm mitreißen.

Aber womöglich hatten sie die solide Konstruktion der Zwillingstürme unterschätzt. Immerhin waren über 180000 Tonnen Stahl beim Bau verarbeitet worden, um die Kolosse mit 415 und 417 Meter Höhe stabil zu bekommen. Es sind die höchsten Gebäude in New York, die seit der Eröffnung 1973 als Wahrzeichen der Stadt gelten. 50000 Menschen arbeiten in den beiden Türmen. Zudem kommen täglich 80000 Besucher, um die Aussicht auf der Terrasse des Südturms zu genießen. Insgesamt 104 Aufzüge sorgen dafür, daß sich über 100000 Menschen gleichzeitig in den Türmen aufhalten können. Sie alle sollten sterben.

Das Blutbad war gedacht als gerechte Strafe dafür, daß die Vereinigten Staaten seit Jahrzehnten die Israelis dabei unterstützten, Palästinenser zu unterdrücken und arabische Nachbarstaaten zu attackieren. Für Yousef bedeuteten die USA das Böse schlechthin. Die Amerikaner sollten jetzt mit Menschenleben für ihre Taten bezahlen. Der »große Satan«, wie Yousef gegenüber seinen Freunden die USA stets bezeichnete, hätte danach zur Kenntnis nehmen müssen, daß sie sich im Krieg befinden und einen ernstzunehmenden Gegner haben.[2]

Yousef hadert mit sich. Die Zwillingstürme, das Symbol für den wirtschaftlichen Erfolg der USA, leuchten ihm wie eh und je entgegen. Er befürchtet, daß nur die Zünder explodiert sind, aber nicht die eigentliche Bombe. Anders kann er es sich nicht erklären, daß die Gebäude nicht wie geplant eingestürzt sind.[3] Die Mission ist jedenfalls gescheitert.

Es bleibt ihm jedoch nicht viel Zeit zum Grübeln, jetzt gilt es, das Land schnellstens zu verlassen. Bereits in wenigen Stunden werden alle Ausfahrtstraßen, Bahnhöfe und Flughäfen strengstens kontrolliert sein. Zum Glück ist er darauf eingestellt, seine Flucht gehört genauso zum Plan wie das Attentat selbst. Schon vor zwei Monaten hat er sich einen neuen Paß besorgt. Am Silvestertag, als das diplomatische Personal mit den Gedanken schon ganz bei den Feierlichkeiten zum neuen Jahr weilte, war er zum pakistanischen Konsulat gegangen und hatte sich mit Hilfe einer Fotokopie alter amtlicher Unterlagen einen Paß auf seinen richtigen Namen Abdul Basit Mahmoud Abdul Karim ausstellen lassen. Das Dokument mit der Nummer AA 662 804 weist ihn als einen 1968 in Kuwait geborenen Sohn pakistanischer Einwanderer aus. Damit dürfte es bei der Paßkontrolle auf dem New Yorker John-F.-Kennedy-Flughafen keine Schwierigkeiten geben. Von dort soll es mit der Pakistan International Airlines nach Karatschi gehen und dann weiter nach Quetta, der alten Handelsstadt an der Grenze zu Afghanistan. Dort warten seine Frau und seine kleine Tochter auf ihn. Monatelang hat er die beiden nicht mehr gesehen. Nun sind es nur noch wenige Stunden bis zum Abflug. Das Erste-Klasse-Ticket hat er bereits in der Tasche. Es müssen nur noch ein paar Sachen zusammengepackt werden.

Yousef fährt zurück in sein Appartement in Jersey City. Auf dem Weg dorthin hört er die Sirenen der Einsatzfahrzeuge der Feuerwehr und der Ambulanz. Sie rasen zum Holland-Tunnel, der Jersey mit Manhattan verbindet. Die New Yorker Zentrale hat Unterstützung angefordert. Die Explosion im World Trade Center ist die bislang größte Katastrophe in der 128jährigen Geschichte der New Yorker Feuerwehr. Und nicht nur das. Sie ist zugleich auch der bis dahin größte Terroranschlag innerhalb der Vereinigten Staaten, denn bisher fanden vergleichbare Bombenattentate nur im Ausland statt. Von diesem Tag an ist alles anders. Es ist der 26. Februar 1993.

Sechs Monate zuvor, am 1. September 1992, hatte die Mission begonnen. Damals war Ramzi Yousef mit dem Flug PK-703 von Pakistan nach New York gekommen. An seiner Seite befand sich Ahmed Mohammed Ajaj, der ihn in Amerika einführte. Bis zum Frühjahr 1992 hatte sich Ajaj schon in den USA aufgehalten und als Lieferant für Domino's Pizza in Houston/Texas gejobbt. Am 24. April 1992 war er zu seinem Chef gegangen und hatte ihm erzählt, er würde nach New York ziehen und sich dort nach einem besseren Job umsehen. Doch in Wirklichkeit hatte er etwas ganz anderes im Sinn. Mit einem Billigticket flog er nach Pakistan, wo er im nordwestlichen Grenzgebiet zu Afghanistan in der Nähe von Peschawar auf die Universität »Dawa al Dschihad« (Sammlung der Kämpfer für den Heiligen Krieg) ging, an der junge Islamisten vorwiegend das Kriegs- und Terrorhandwerk beigebracht bekamen. Die Kontakte dorthin hatten ihm militante Mitstreiter in Texas vermittelt.

Im Camp wurde der schmächtige Pizza-Lieferant im Nahkampf sowie im Umgang mit Waffen und Sprengstoff ausgebildet. Dort lernte er auch Yousef kennen. Der damals 24jährige Pakistani war sein Ausbilder. Seit über einem Jahr betätigte sich Yousef bereits als Lehrer in verschiedenen Terrorcamps. Die Kenntnisse dafür hatte er sich während eines Ingenieurstudiums in Wales angeeignet. Finanziert worden war die Ausbildung von seinen Eltern, die in den 60er Jahren als Gastarbeiter im ölreichen Kuwait eine Anstellung gefunden hatten. Da sie aber im Golfstaat keine Staatsbürgerschaft erhielten und als Bürger zweiter Klasse behandelt wurden, ging die Familie später zurück nach Pakistan.

Yousef unterbrach 1988 sein Studium und ging von Wales nach Afghanistan, um sich in einem Trainingscamp der Mudschaheddin zum »Gotteskrieger« ausbilden zu lassen. Es handelte sich um das Camp Sadda an der pakistanisch-afghanischen Grenze.[4] Leiter des Lagers war zu jener Zeit Abdul Rasul Sayyaf, einer der engsten Vertrauten des saudi-arabischen Millionärssohns Osama Bin Laden, der mit seinem Erbe den Krieg der Mudschaheddin gegen die sowjetischen Invasoren in Afghanistan finanzierte. Yousef zeigte sich dort während seiner sechsmonatigen Grundausbildung äußerst gelehrig und geschickt, besonders was das Bauen von Bomben anbetraf. Bald nannte man ihn nur noch den »Chemiker«[5] und betraute ihn mit Spezialaufgaben. Nach der Vertreibung der sowjetischen Truppen aus Afghanistan Ende 1989/Anfang 1990 kehrte Yousef vorübergehend nach Wales zurück, um seinen Abschluß als Elektronikingenieur zu machen. Doch in dem Beruf arbeiten wollte er nicht. Seine innere Berufung war inzwischen der Kampf gegen die Ungläubigen. Deshalb stellte er sein Wissen anschließend auch in den Dienst der Islamisten und übernahm die Technikausbildung in mehreren Lagern im Norden Pakistans. Hier brachte er Rekruten wie Ajaj bei, aus handelsüblichen Materialien möglichst unauffällig tödliche Bomben zu bauen. So lernte Ajaj beispielsweise von ihm, wie man mit ein paar Handgriffen eine billige Casio-Uhr zum Zeitzünder umfunktionierte.

Die Ausbildung war hart und fand immer mit scharfen Materialien statt. Viele der Rekruten erlitten beim Umgang mit den selbstgebauten Bomben schwere Verletzungen. Die Ausbilder nahmen dies billigend in Kauf, denn die Unfälle führten zu einer gewissen Auslese. Nur die Fähigsten überstanden die Lehrgänge unbeschadet, so daß gewährleistet war, daß keine »Versager« zu einer Mission geschickt wurden.

Ajajs Ausbildung verlief ohne Zwischenfall. Mitte Juli 1992 war er einsatzbereit und wurde Yousef zugeteilt. Für die geplante USA-Mission schien er der ideale Mann zu sein, denn der Pizza-Job in Houston sollte ihn mit den Gepflogenheiten in den Vereinigten Staaten hinlänglich vertraut gemacht haben.

Als erstes erhielt Ajaj von Yousef den Auftrag, in der pakistanischen Hauptstadt auf der US-Botschaft Visa zu besorgen. Der Beamtin auf der Konsularabteilung in Islamabad erzählte er dann, daß er bereits ein Fünf-Jahres-Visum für die USA besitze, dies nur leider in Houston, wohin er jetzt zurückkehren wolle, vergessen habe. Die Beamtin zeigte sich davon wenig beeindruckt. Jeden Tag hörte sie Dutzende solcher Geschichten. In der Hoffnung auf eine bessere Zukunft versuchten viele Pakistani, mit allen möglichen Ausreden an eine Aufenthaltsgenehmigung für die USA zu kommen. Die Beamtin verweigerte das Visum. Es schien auch keinen Sinn zu haben, mit einer anderen Geschichte für Yousef einen ähnlichen Versuch zu unternehmen. Da es offensichtlich keine Möglichkeit in Pakistan gab, an legale Papiere heranzukommen, wollten beide einen anderen Weg einschlagen und es mit einem Trick direkt vor Ort versuchen. Yousef hatte bereits eine Idee.

Am 1. September 1992 trafen beide mit einem Flug aus Karatschi in New York ein. Auf dem internationalen JFK-Airport verließen sie das Flugzeug in traditionell arabischer Kleidung: weit geschnittene Hosen, darüber ein über die Knie reichendes Hemd mit Ballonärmeln. Bei der Paßkontrolle am Ende der großen Ankunftshalle legte Yousef am Schalter der US-Einwanderungsbehörde INS einen irakischen Paß vor. Die Beamtin musterte ihn skeptisch.

»Ihr vollständiger Name?« fragte sie.

»Ramzi Ahmed Yousef.«

Als die Beamtin keine Anstalten machte, ihm einen Einreisevermerk in den Paß zu stempeln, begann Yousef seine einstudierte Inszenierung. Theatralisch hob er eine Hand und schwor, daß er im Irak das Schlimmste zu befürchten hätte, falls ihn die USA dorthin zurückschicken würden, denn er sei vor dem Militärdienst geflüchtet und wolle politisches Asyl beantragen. Eineinhalb Jahre nach dem Golf-Krieg, so sein Kalkül, würden die USA keinen irakischen Deserteur an den Diktator Saddam Hussein überstellen.

Ein paar Meter weiter versuchte derweil Ajaj an einem anderen Schalter sein Glück. Er legte der Beamtin einen schwedischen Reisepaß vor, ausgestellt auf den Namen Khurram Khan. Doch auch diese Kollegin war äußerst mißtrauisch. Der Mann vor ihr sah in seiner arabisch anmutenden Tracht nicht aus wie ein schwedischer Staatsbürger. Ajaj bemerkte ihre Skepsis und antwortete möglichst selbstsicher: »Meine Mutter ist Schwedin. Wenn Sie mir nicht glauben, schauen Sie doch in Ihrem Computer nach.«[6] Doch statt dessen nahm die Mitarbeiterin der Einwanderungsbehörde seinen Reisepaß in kritischen Augenschein. Dabei fiel ihr auf, daß das Foto einfach auf das des eigentlichen Paßinhabers geklebt war. Als sie mit ihren langen Fingernägeln begann, das aufgeklebte Foto abzulösen, fing Ajaj empört an zu schreien. Die Beamtin zeigte sich wenig beeindruckt und ließ ihn abführen. In einem der INS-Büros begann dann das Verhör:

»Wie lautet Ihr richtiger Name?«[7]

Ajaj versuchte, Ruhe zu bewahren. Yousef hatte ihn als Ausbilder auf diese Situation vorbereitet, und im Flugzeug war er die Liste mit all den Fragen, die von den Beamten der INS in solchen Fällen gestellt werden, noch einmal durchgegangen. Auf die tatsächlich nun routinemäßig gestellten Fragen wußte er daher zunächst auch immer eine möglichst nebulöse Antwort zu geben, die sich schwer nachprüfen ließ. Doch dann durchsuchte ein INS-Inspektor auch Ajajs Lederhandtasche. Dabei fielen ihm neben dem Fragenzettel weitere Reisedokumente in die Hände. Es handelte sich um einen jordanischen, einen britischen und einen saudi-arabischen Reisepaß, alle mit einem Foto von Ajaj, doch alle auf unterschiedliche Namen ausgestellt.

Auf die Fragen, die nun kamen, wußte Ajaj keine plausiblen Antworten mehr. Umgehend wurde er wegen des Verstoßes gegen die Einreisebestimmungen der USA verhaftet. Die Beamten ließen nun auch sein Reisegepäck kommen und stießen bei der Untersuchung auf höchst brisantes Material: ein Videoband über Selbstmordanschläge, einen Lehrfilm über die Herstellung von Sprengstoff sowie mehrere Handbücher mit ausführlichen Anleitungen zum Bau von Bomben. In einem der Bände lagen mehrere handschriftliche Zeichnungen, auf denen in arabisch vermerkt war, wie man ein größeres Gebäude in die Luft sprengt. Ein Sachverständiger übersetzte später den Titel des Buches fälschlicherweise mit »Die Grundregeln«. Korrekt übersetzt heißt es: *Al Qaida* – Die Basis.[8] Das 1989 in Afghanistan hergestellte Handbuch war der Leitfaden der Terrororganisation, mit dem die von Osama Bin Laden finanzierten Gruppen nicht nur gegen die Sowjets im Hindukusch, sondern gegen die Ungläubigen in der ganzen Welt kämpfen sollten.

Yousef wurde derweil in einem anderen Raum vernommen. Die Beamten brachten ihn nicht in Zusammenhang mit Ajaj, der gegen seine Festnahme laut vernehmlich protestiert hatte. Yousef versuchte den Eindruck zu erwecken, daß er nichts zu verbergen habe. Freundlich und Verständnis erheischend lächelte er die Vernehmungsbeamtin an.

Doch diese blieb mißtrauisch. Yousef schien nicht der Typ zu sein, der sich verfolgt fühlte und deshalb politisches Asyl beantragen mußte. Zumindest zeigte er keine Anzeichen von Nervosität oder gar Angst. Völlig gelassen beantwortete er ihre Fragen in einem makellosen Englisch. Er erklärte dies damit, daß er ein paar Jahre in Schottland gelebt und an der Universität von Edinburgh Elektrotechnik studiert habe. Die Beamtin interessierte sich für ganz andere Dinge und fragte ihn auf den Kopf zu, ob er schon einmal in terroristische Aktivitäten verwickelt gewesen sei. Yousef wies dies empört zurück.

Die Beamtin glaubte ihm nicht und schlug ihrem Vorgesetzten vor, Yousef so lange in Sicherheitsverwahrung zu nehmen, bis ein Richter über seinen Asylantrag entschieden hatte. Zu diesem Zweck sollte er in eine der über 100 Internierungszellen auf dem Kennedy-Airport gebracht werden. Doch an diesem Tag waren bereits alle Zellen belegt. Der Vorgesetzte entschied daraufhin, den vermeintlichen Iraker nach erkennungsdienstlicher Behandlung laufenzulassen. Yousef wurde fotografiert, man nahm die Fingerabdrücke ab, und er erhielt die Auflage, am 8. Dezember 1992 in New York vor einem Asylrichter zu erscheinen. Yousef bedankte sich für das Entgegenkommen. Er war erst einmal ein freier Mann und hatte drei Monate Zeit, die Mission zu erfüllen. Allerdings war er nun gezwungen, den Plan etwas zu ändern. Er mußte Ersatz für Ajaj finden und den Verlust der Handbücher ausgleichen. Für einen solchen Fall war vorgesorgt. Er wußte, an wen er sich wenden konnte.

Yousef winkte ein gelbes Taxis herbei und nannte dem Fahrer die Adresse in Manhattan.[9] Die Fahrt dorthin würde ihn mindestens 30 Dollar kosten, doch da er sich in der Riesenstadt nicht auskannte, war ihm das Nahverkehrssystem zu unsicher. Seinen Kontaktmann traf er in einer Moschee im Stadtteil East Village im Herzen von New York. Es war ein alter Freund: Mahmud Abouhalima. Der 33jährige stammte aus

Ägypten und wurde wegen seiner Haarfarbe nur der »rote Mahmud« genannt.[10] Yousef hatte ihn während seines ersten Aufenthalts in einem Ausbildungscamp in Pakistan kennengelernt. Der »rote Mahmud« war schon damals eine Legende, da er auf seiten der afghanischen Mudschaheddin als unerschrockener Minensucher galt. Mit einem bloßen Holzstock zog er regelmäßig los und spürte die gefährlichen Sprengfallen auf. Alle riskanten Einsätze überstand er unbeschadet.

Vor der Zeit in Afghanistan hatte Mahmud fünf Jahre lang in München gelebt. Drei Wochen nach dem Attentat auf den ägyptischen Staatspräsidenten Anwar al-Sadat war er im Oktober 1981 in die bayerische Hauptstadt gekommen und hatte beim Kreisverwaltungsreferat einen Asylantrag gestellt. Es war ihm gelungen, rechtzeitig das Land zu verlassen, denn nach dem Mord an Sadat hatte man in Ägypten mehrere hundert Fundamentalisten verhaftet.

Allerdings wurde sein Asylantrag ein Jahr später abgelehnt. Der »rote Mahmud« schaffte es daraufhin, binnen kürzester Zeit eine Deutsche zu heiraten, so daß ihm eine Duldung in Deutschland vorerst sicher war. Doch die Frau ließ sich trotz zweier Kinder noch vor Ablauf der Aufenthaltserlaubnis wieder von ihm scheiden. Mahmud heiratete kurzentschlossen gleich eine andere Deutsche. Aus dieser Ehe gingen ebenfalls zwei Kinder hervor, wodurch sich die Aufenthaltsmöglichkeit verlängerte. Doch ein erneuter Asylantrag wurde 1987 abgelehnt, da keine akute Verfolgungsgefahr mehr bestand. Als die bayerischen Behörden Mahmud schließlich abschieben wollten, fanden sie an seiner Adresse in einer Münchener Vorortgemeinde nur eine leere Sozialwohnung vor.[11]

Der »rote Mahmud« hatte sich nach Afghanistan abgesetzt und den radikal-islamischen Mudschaheddin angeschlossen. Zuvor war er allerdings noch mit seinem deutschen Fremdenpaß auf dem Münchener Generalkonsulat gewesen und hatte sich ein Visum für die Vereinigten Staaten besorgt. Nach Ende des Afghanistan-Krieges reiste er damit im Dezember 1990 in

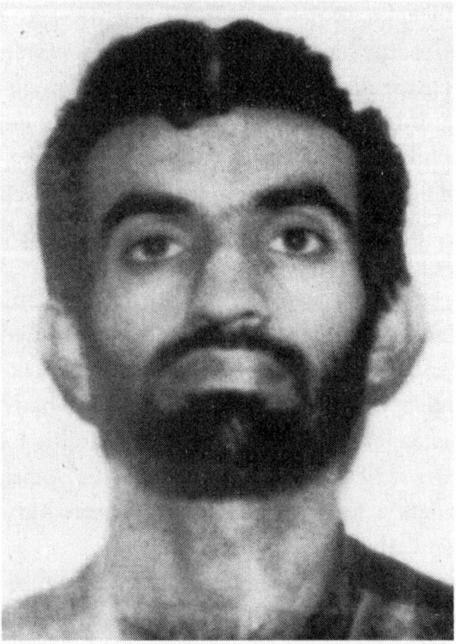

Ramzi Yousef:
Der Drahtzieher und Vollstrecker des ersten Anschlages auf das World Trade Center im Jahr 1993.

die USA ein und erklärte der Einwanderungsbehörde, daß er geradewegs aus München käme.

In New York arbeitete Mahmud offiziell als Taxifahrer, doch tatsächlich war er der Privatchauffeur und Vertraute von Scheich Omar Abdel Rahman, dem Anführer einer verschworenen Gemeinde von fundamentalistischen Muslimen. Rahman brauchte ständige Begleitung, denn er war bereits in seiner Kindheit an Diabetes erblindet, weshalb ihn seine Anhänger auch ehrfurchtsvoll den »blinden Scheich« nannten. Rahman war ein höchst eigenwilliger und sehr energischer Mann. Seine tief berührende, sonore Stimme setzte er ein, um Widerstand zu predigen, Haß zu säen und falsche Versprechungen zu machen. »Die Polizei mißhandelt euch, nur weil ihr Moslems seid, wehrt euch, Gott gibt euch die Kraft dazu!« rief er seinen Anhängern in New York zu, die seine Predigten auf Tonbandkassetten mitschnitten und an Muslime in den gesamten Vereinigten Staaten verschickten. »Die Tyrannei wird sich gegen die Unterdrücker kehren, und die Knechtung der Gläubigen wird sich zu ihrem Schaden wenden. Jede Minute, die ihr in Gefängnissen oder Konzentrationslagern verbringt, wird euch am Tage des Jüngsten Gerichts hoch angerechnet.«[12]

Der »blinde Scheich« forderte seine Zuhörer in letzter Konsequenz dazu auf, in den Dschihad, den Heiligen Krieg, zu ziehen. Eigentlich steht der Begriff Dschihad (zu deutsch: Bemühen, Anstrengung) im Koran für das Streben eines jeden Muslim, seine schlechten Gewohnheiten zu bekämpfen und sich darum zu bemühen, ein gottgefälliges Leben zu führen. Aber in der Diktion des Scheichs war damit etwas anderes gemeint. Ihm ging es um den Kampf gegen alle Ungläubigen, und zwar mit allen Mitteln. »Es gibt keine Lösung für unsere Probleme, ausgenommen den Dschihad, geführt im Namen Gottes. (...) Es gibt keine Lösung, es gibt keine Heilung, es gibt keine Medizin, ausgenommen den Dschihad, der Gottes Wille ist, wie uns der Islam lehrt. (...) Und wenn sie uns Terroristen nennen, dann sind wir eben Terroristen. Und wir sind gern Terroristen. Und wir leugnen es nicht. Denn wenn man den Koran richtig deutet, ist Terrorismus nichts anderes als die Ausführung des Dschihad im Namen Allahs. Das bedeutet, daß wir die Feinde Gottes terrorisieren, die auch unsere Feinde sind.«[13] Nach dem Verständnis des »blinden Scheichs« waren somit Gewalt, Terror und Mord ein göttliches Gebot.

Seine Botschaften wurden bald erhört. Am 5. November 1990 erschoß ein fanatischer Anhänger des Scheichs im New Yorker East Side Hotel den orthodoxen Rabbiner Meir Kahane, Anführer der radikalen Kach-Partei. Nach der Verhaftung des ägyptischen Attentäters al-Sayyad Nosair durchsuchte die Bundespolizei FBI dessen Appartement in New Jersey und beschlagnahmte neben dem Computer insgesamt 47 Kartons mit persönlichen Unterlagen, zumeist auf arabisch. Die Beamten hielten dies nach einer ersten Durchsicht für belangloses, religiöses Zeug und verzichteten auf eine Übersetzung der Papiere und Dateien.[14] Das sollte sich später als verhängnisvoller Fehler erweisen, denn auf dem Computer des Mörders befand sich ein Text – vermutlich der Auszug aus einer Predigt des »blinden Scheichs« –, der schreckliche Ereignisse vorwegnahm: »Wir müssen die Feinde Gottes vollständig demoralisieren. Dazu müssen wir die Türme, die die Säulen ihrer Zivilisation sind, in die Luft jagen und zerstören – zum Beispiel ihre Touristenattraktionen und Hochhäuser, auf die sie so stolz sind.«[15]

Nach der Verhaftung des Rabbiner-Mörders mußte dieses Konzept nun von anderen Kämpfern verwirklicht werden. Über längere Zeit wurden die geeigneten Leute dafür gesucht. Im August 1992 war es dann soweit. Nach einem Telefonat des »blinden Scheichs« von New York mit einem Vertrauten in Pakistan machten sich Yousef und Ajaj auf den Weg in die Metropole der »Feinde Gottes«.

Yousef wurde gleich nach der Ankunft von seinem Freund Mahmud dem Scheich vorgestellt. Dies geschah anläßlich einer Privataudienz in der Wohnung des Religionsführers in Jersey City. Der »blinde Scheich« gewährte ihnen über eine Stunde und lud sie sogar zum Essen ein.[16] Für Yousef war dies eine große Ehre, denn in den afghanischen Camps und den pakistanischen Ausbildungslagern war immer mit großer Hochachtung vom »blinden Scheich« gesprochen worden, der in islamistischen Kreisen bereits seit den 70er Jahren hohes Ansehen genoß. Damals betätigte sich der Scheich noch in Ägypten als Theologiedozent und war einer der frühen öffentlichen Verfechter des Heiligen Krieges. Seine Studenten ermunterte er, christliche Ladenbesitzer und kleine Geschäftsleute auszuplündern, wofür er auch die erforderlichen religiösen Verordnungen (Fatwa) ausstellte. Schließlich herrsche, so der Scheich, zwischen Christen und Muslimen ein Kriegszustand.[17]

Nachdem der ägyptische Staatspräsident Anwar al-Sadat Mitte der 70er Jahre dem Treiben der Fundamentalisten energischer entgegentrat und mehrere verhaften ließ, floh der Scheich vorübergehend nach Saudi-Arabien, wo er nicht nur neue Anhänger, sondern auch zahlungskräftige Geldgeber fand. Fortan verlangte er, daß die ganze Menschheit den Islam annehmen müsse, wofür er nun kämpfen werde. 1980 nach Ägypten zurückgekehrt, wurde er alsbald Emir der Islamischen Gruppe, neben dem Islamischen Dschihad die fundamentalistische Organisation im Lande. In einer seiner Fatwas erklärte er, daß ein ketzerisches Staatsoberhaupt durchaus den Tod durch die Hand der Gläubigen verdiene. Wenig später wurde Staatspräsident Sadat am 6. Oktober 1981 bei der Abnahme einer Militärparade ermordet. Der Scheich wurde verhaftet, konnte aber nach einem halben Jahr freikommen und setzte sich ins Ausland ab. Zuerst ging er in den Sudan, dann nach Pakistan, wo er in Peschawar an der Grenze zu Afghanistan gemeinsam mit seinem alten Studienfreund Abdullah Azzam ein sogenanntes Gästehaus eröffnete, das zur Anlaufstelle für all jene jungen arabischen Männer wurde, die seinen Fatwas folgen und in den Heiligen Krieg gegen die sowjetischen Besatzer ziehen wollten.[18] Hier lernte der »blinde Scheich« auch den saudischen Millionärssohn Osama Bin Laden kennen, mit dem ihn fortan enge Kontakte verbanden.

Nach einem ersten Besuch in den Vereinigten Staaten 1987 ließ sich der Scheich 1990 endgültig in New York nieder, obwohl er auf einer Liste mit Namen von Ultraradikalen stand, die als »unerwünschte Personen« keine Einreise bekommen sollten. Daß ihm das US-Konsulat in Karatschi dennoch ein Visum erteilte, ist später damit gerechtfertigt worden, daß dies auf einen Computerfehler wegen der uneinheitlichen Schreibweise seines Namens zurückzuführen sei. Allerdings sollte sich bald herausstellen, daß der zuständige Konsularbeamte ein getarnter CIA-Agent war.[19] Es wird daher vermutet, daß die CIA, die während des Afghanistankrieges die Mudschaheddin massiv unterstützt hatte, nun den geistlichen Führer der Gotteskrieger unter ihre Fittiche nehmen wollte. Schließlich galt es nach dem Ende des Krieges, weiterhin Einfluß in dem schwer regierbaren Land zu behalten, und der Scheich war nach CIA-Informationen ein Vertrauter des berüchtigten Kriegsherrn Gulbuddin Hekmatyar.

Das Zusammentreffen zwischen dem »blinden Scheich« und Yousef war eine einmalige Angelegenheit.[20] Allein aus Gründen der Vorsicht durften sie sich nicht öfters sehen. Denn später, nach Beendigung der tödlichen Mission, sollte kein Zusammenhang zwischen Yousef und dem Religionsführer hergestellt werden können. Wohl in stiller Übereinkunft unterhielten sie sich auch nicht über die Pläne von Yousef, sondern ganz allgemein über religiöse Dinge. Aber mehr als geistliche Fürsprache benötigte Yousef handfeste Unterstützung.

Nach dem Treffen brachte ihn deshalb der »rote Mahmud« ins heimliche Hauptquartier der islamistischen Gruppe. Es handelte sich um das »Al-Kifah-Flüchtlingszentrum«, das sich im heruntergekommenen Teil der Atlantic Avenue in Brooklyn in einem dreistöckigen Haus direkt über einem China-Restaurant befand. Der humanitär erscheinende Name des Zentrums war 1987 unter den wohlwollenden Augen der US-Behörden zur Tarnung für die Rekrutierung von Gotteskriegern im Afghanistankrieg gewählt worden. Nach dem Ende des Krieges war das Zentrum nun zum Anlaufpunkt für radikale Muslime aus ganz Amerika geworden. Es entwikkelte sich mit den Jahren zur wichtigsten Zweigstelle der *Al Qaida* in den USA und funktionierte als Schaltzentrale für Außenposten in Atlanta, Chicago, Connecticut und New Jersey. Insgesamt wurden in 26 US-Bundesstaaten Rekrutierungsbüros für den Dschihad aufgebaut, wobei zunächst nicht klar war, gegen wen sich der Kampf der Gotteskrieger richten würde.

Nach dem Mord an Rabbiner Kahane geriet das Zentrum zeitweilig auch ins Visier des FBI, denn ein Informant aus dem inneren Zirkel der Anhänger des »blinden Scheichs« hatte berichtet, daß weitere Attentate und Anschläge geplant seien.

Zu diesem Zweck würde eine Gruppe regelmäßig zu Schießübungen nach Coney Island fahren. Das FBI schenkte den Darstellungen jedoch keinen Glauben. In der New Yorker Zentrale der Bundespolizei ging man davon aus, daß sich der Informant nur wichtig machen wolle, um seinen Agentenlohn zu erhöhen. Man entschied, ihn »abzuschalten«.

Dies war genau einen Monat vor der Ankunft von Yousef geschehen, so daß es bei seinem Eintritt in die Gruppe keinerlei Überwachung gab. Der »rote Mahmud« machte Yousef hier mit Mohammed Salameh bekannt, einem hageren Jordanier mit buschigem, schwarzem Bart. Er stammte aus der Nähe von Nablus und lebte schon seit 1987 in den USA. Salameh bot Yousef an, mit in sein Appartement in der Kensington Avenue 34 in Jersey City zu ziehen. Das Haus gehörte zum Stadtteil »Little Cairo«, wo vorwiegend arabische Immigranten lebten.

Yousef stand durch die Ereignisse bei der Einreise unter Zeitdruck und wollte umgehend mit der Verwirklichung seiner Mission beginnen. Doch das Appartement von Salameh war für eine Anschlagsvorbereitung denkbar ungeeignet. Es war extrem klein, so daß man dort nichts lagern konnte, und wurde zudem von vielen Immigranten als Anlaufstelle genutzt. Salameh machte sich auf die Suche nach etwas Geeigneterem. Schließlich fand sich eine bezahlbare Lösung, ein Appartement zur Untermiete in der Virginia Avenue 251, ungefähr eine Meile von der alten Wohnung entfernt. Im Oktober 1992 zog Yousef dort zusammen mit Salameh ein.

Nachdem ein neuer Telefonanschluß gelegt war, nahm Yousef intensiven Kontakt mit seinen Hinterleuten in Pakistan auf, mit denen er verklausuliert die Pläne für den geplanten Anschlag besprach. Insgesamt vertelefonierte er mehrere tausend Dollar. Geld wurde ein Problem, denn für den großen Anschlag mußten auch die entsprechenden Materialien beschafft werden. Ein Onkel von Yousef beteiligte sich. Khalid Scheich Mohammed ließ ihm 20000 Dollar zukommen.[21]

Salameh kaufte davon zunächst einen dunkelgrünen Chevrolet und machte sich auf die Suche nach einem geeigneten Lagerraum in Jersey City. Es galt einen abgelegenen Ort zu finden, in dem sich möglichst unbemerkt Ausrüstungen und Chemikalien unterbringen ließen. In der Mallory Avenue 60, eine halbe Meile von ihrem Appartement entfernt, wurde Salameh schließlich fündig. Für 90 Dollar monatlich mietete er bei der Space Station Storage einen Lagerraum mit Lastenaufzug im zweiten Stock des vierten Gebäudes auf den Namen Kamal Ibraham, einer von 11 Alias-Namen, die Yousef während seines sechsmonatigen USA-Aufenthaltes benutzte.

Unter diesem Decknamen bestellte Yousef noch am gleichen Tag bei City Chemical, einer ortsansässigen Firma, eine Reihe von Chemikalien. Auf seiner Bestelliste standen 454 Kilogramm Harnstoff, 400 Liter Salpetersäure und 230 Liter Schwefelsäure. Yousef sagte dem Verkäufer genau, wie die Substanzen zusammengesetzt sein mußten. Der Stickstoffgehalt der Harnstoffkristalle sollte exakt 46,65 Prozent betragen, und die Salpetersäure mußte einen Reinheitsgehalt von 93 Prozent haben. Yousef zahlte 3615 Dollar in bar vorab und gab als Lieferadresse das Lagerhaus in der Mallory Avenue an.

Das notwendige Detailwissen erhielt Yousef aus dem Gefängnis von Ajaj. Obwohl dieser wegen seiner gefälschten Einreisepapiere eine achtmonatige Strafe absitzen mußte, war es ihm gelungen, einen Kontakt zu seinem Partner aufzubauen. Über einen Freund in Mesquite (Texas) ließ er seinem einstigen Ausbilder verschlüsselte Tips zukommen.[22] Der geplante Bombenanschlag wurde mit »Studien« umschrieben, und die Ausführungspläne nannte er »Universitätsunterlagen«.[23]

Am 29. Dezember 1992 konnte Ajaj sogar vermelden, daß das US-Bezirksgericht für den östlichen Distrikt von New York entschieden habe, die Behörden müßten alle bei Ajaj beschlagnahmten Sachen und Unterlagen an ihn zurückgeben, darunter auch die dringend benötigten Handbücher zum Bau von Bomben sowie das *Al-Qaida*-Buch. Ajaj hatte das nie für möglich gehalten.

Yousef war begeistert und drängte auf Zeit. Ajaj sollte die Handbücher gleich nach der Aushändigung an seine Adresse in Jersey City schicken. Doch Ajaj war in diesem Punkt vorsichtiger als sein früherer Lehrer. Er hielte dies für keine gute Idee, ließ er Yousef wissen. Damit könnte man das »Geschäft« aufs Spiel setzen, und es »wäre schade darum«.[24] Ajaj schickte deshalb die Unterlagen an seinen Freund in Texas, der es wiederum über einen weiteren Mittelsmann Yousef zukommen ließ. Die Behörden bemerkten nichts davon. Ajaj hatte endlich das Gefühl, nicht gänzlich versagt zu haben, sondern weiterhin an der Mission gegen den »großen Satan« aktiv beteiligt zu sein.[25]

Yousef und Salameh waren nun gezwungen, sich eine neue Bleibe zu suchen. Ihr Vermieter hatte sie wegen ständiger Ruhestörung aufgrund der vielen Besuche zu nächtlicher Zeit an die Luft gesetzt. Schließlich fanden sie ein geeignetes Objekt in der Pamrapo Avenue von Jersey City. Yousef konnte hier aber nicht als Mieter auftreten, denn er mußte davon ausgehen, daß er unter seinem bisherigen Decknamen, mit dem er eingereist war, inzwischen gesucht wurde, da er zu dem geforderten Asylgerichtsverfahren Anfang Dezember nicht erschienen war. Mit dem neuen Paß unter seinem richtigen Namen Abdul Basit Mahmoud Abdul Karim, den er sich Silvester auf dem pakistanischen Konsulat besorgt hatte, wollte er aber nicht in Erscheinung treten, denn unter diesem Namen war seine Ausreise nach dem Anschlag geplant. Also wurde Salameh vorgeschickt. Er erzählte dem Vermieter, er heiße Alaa Mahrous und sei Türke. Er gab vor, das Appartement für das ganze Jahr 1993 mieten zu wollen. Die erste Monatsmiete von 1100 Dollar bezahlte er sofort in bar.

Am Neujahrstag 1993 zogen sie in der ruhig gelegenen Drei-Zimmer-Wohnung ein, die sich idealerweise im Erdgeschoß einer kleinen Nebenstraße befand. Sie entsprach geradezu bilderbuchmäßig den Vorgaben aus ihrem frisch erworbenen Handbuch. Aus Erdgeschoßwohnungen ließ sich im Notfall leichter flüchten, und die Anlieferung der vielen Substanzen machte hier auch keine Probleme. Nun galt es nur noch einen großen Kühlschrank anzuschaffen, um das hochexplosive Nitroglycerin konstant auf der richtigen Temperatur zu halten. Der »rote Mahmud« erklärte sich bereit, diese Aufgabe zu übernehmen.

Allmählich nahm der Plan Gestalt an. Yousef und Salameh arbeiteten jetzt meist bis tief in die Nacht und mischten vorsichtig die Chemikalien zusammen. Unterstützt wurden sie dabei von Abdul Yasin, einem weiteren Mitglied der Verschwörergruppe um den »blinden Scheich«.[26] Yasin stammte von irakischen Eltern ab, war aber bereits in den USA geboren worden und hatte am City College in New York Ingenieurwesen studiert. Er war der Techniker der Gruppe und sorgte dafür, daß beim Mixen der Stoffe stets Atemmasken getragen wurden, da sich dabei ätzende chemische Dämpfe entwickelten. Der Küche war es nach kurzer Zeit bereits anzusehen: Die Wände verfärbten sich bläulich, und die Türscharniere fingen an zu rosten. Einmal wäre Yousef um ein Haar sogar kollabiert, da er nach Abschluß der Arbeiten zu früh sein Atemschutzgerät abgenommen hatte.[27]

Nach Abschluß der Mixprozedur stand die Frage, ob das Gebräu tatsächlich die richtige Zusammensetzung hatte, also auch mit der geplanten Stärke explodieren würde. Schließlich sollten die riesigen Türme des World Trade Center zum Einsturz gebracht werden. Die Gruppe entschied sich, für Versuchszwecke außerhalb von New York eine Mini-Bombe zu testen. Salameh und Yousef machten sich zu diesem Zweck in der Nacht des 23. auf den 24. Januar 1993 auf den Weg.

Es war bitter kalt. Die Temperaturen lagen weit unter Null, auf den Nebenstraßen glänzte das Eis. Als sie gegen ein Uhr morgens durch den kleinen Ort Avenel bei Woodbridge kamen, bemerkte Salameh zu spät, daß auch die Dorfstraße spiegelglatt war. Er verlor beim Abbiegen an einer Kreuzung die Kontrolle über das Fahrzeug, das auf der gegenüberliegenden Straßenseite gegen einen Bordstein prallte, sich mehrmals drehte und schließlich auf der Rasenfläche eines Appartementkomplexes landete. Das Fahrgestell war danach völlig verzogen, der Wagen nicht mehr zu steuern. Wie durch ein Wunder hatte die Bombe im Kofferraum all die starken Erschütterungen unbeschadet überstanden. Salameh atmete erleichtert durch, doch zu seinem Entsetzen lag Yousef völlig regungslos auf dem Sitz neben ihm. Als er um das Auto herumlief, um die Beifahrertür zu öffnen und nach ihm zu sehen, hörte er bereits die Sirene eines herankommenden Einsatzfahrzeuges. Es war aber kein Rettungswagen, sondern ein Polizeiauto. Die Anwohner des Appartementkomplexes waren durch den lauten Knall aufgewacht und hatten sofort angerufen. Für Salameh schien nun alles zu Ende zu sein. Als er die Polizisten auf sich zukommen sah, setzte er sich neben den Unfallwagen und vergrub den Kopf in seinen Händen. Die Beamten hatten den Eindruck, er stünde unter Schock, und wollten ihm helfen. Sie riefen eine Ambulanz herbei und stellten keine weiteren Fragen. Auch der Inhalt des Kofferraums interessierte sie nicht, vielmehr bemühten sie sich um den regungslosen Yousef, dem sie eine Decke überlegten.

Als gegen 1.45 Uhr der Krankenwagen eintraf, war Yousef wieder bei Bewußtsein. Die Sanitäter diagnostizierten ein Schleudertrauma mit kurzzeitigem Bewußtseinsverlust und legten ihm eine Halsmanschette um. Zu ihrer Überraschung kümmerte sich der Kranke aber kaum um seinen Gesundheitszustand. »Was passiert jetzt mit dem kaputten Auto?« wollte Yousef wissen. Der Nothilfearzt hielt dies für das Anzeichen eines schweren Schocks und entschied, ihn ins nahe gelegene Rahway Hospital zu bringen. Dort verbrachte Yousef zunächst zehn Stunden in der Notaufnahme, denn in dieser Nacht gab es viele Unfälle, und kam dann in die orthopädische Abteilung. Es bestand der Verdacht auf eine Rückenverletzung. Kaum lag

Yousef in seinem Bett, bat er die Schwester, telefonieren zu dürfen.[28] Schließlich mußte er unbedingt dafür sorgen, daß die Bombe aus dem Autowrack entfernt wurde. Doch zu seiner Erleichterung erfuhr er, daß die Polizei überhaupt nicht in den Kofferraum geschaut, sondern Salameh den Wagen inzwischen samt seiner gefährlichen Ladung zurückbekommen hatte.

Anfang Februar war Yousef dann wieder so weit hergestellt, daß er zu den anderen zurückkehren und sich ganz der Mission widmen konnte. Einen nochmaligen Test wollten sie jetzt nicht versuchen, sie vertrauten ganz darauf, daß der Reinheitsgehalt der Substanzen tatsächlich so war, wie man ihn bestellt hatte, und das Ganze die notwendige Sprengkraft entfalten würde. Spätestens Ende des Monats sollte es soweit sein. Yousef und Salameh kündigten schon einmal die Wohnung. Ihrem verdutzten Vermieter erzählten sie, sie hätten beide Jobs in Brooklyn gefunden, wo sie am 1. März anfangen wollten. Nun galt es, die letzten praktischen Vorbereitungen zu treffen. Der Countdown lief.

Am 15. Februar mietete Nidal Ayyad, ein weiteres Mitglied der Gruppe um den »blinden Scheich«, bei einem Autoverleih in Newark, außerhalb von New Jersey, einen roten Chevy Corsica, der als Fluchtwagen vorgesehen war. Er tat dies sogar unter seinem richtigen Namen, da er nach dem Ende der Mission das Auto ganz normal zurückgeben wollte, so als sei nichts geschehen. Er bewegte sich in New York und Umgebung ziemlich sicher, denn der gebürtige Jordanier, der in Kuwait aufgewachsen war, hatte in den Vereinigten Staaten Chemie studiert und sprach inzwischen sehr gut Englisch. Nach dem Studium hatte er eine Anstellung als Chemielaborant bei der Firma Allied Signal in New Jersey gefunden, wodurch er Yousef und Salameh auch bei der Beschaffung von diversen Chemikalien behilflich sein konnte. Außerdem hatte der gewandte junge Mann mehrere Bankkonten eingerichtet, über die die Finanzierung der Aktion lief. Salameh unterstützte er dabei, einen geeigneten Lieferwagen zu mieten, der groß genug war, alle Bestandteile der Bombe aufzunehmen, aber von der Höhe her klein genug, um in die Tiefgarage des World Trade Center zu passen und nicht allzu sehr aufzufallen.

In der Vermietungsfirma Ryder am Kennedy Boulevard in Jersey City entschieden sie sich schließlich für einen Ford Econoline. Der Transporter kostete 59 Dollar pro Tag und war in Alabama auf das polizeiliche Kennzeichen XA 70668 zugelassen. Die Kaution bezahlten sie mit vier 100-Dollar-Noten. Nun mußte nur noch das Problem gelöst werden, wer der Fahrer sein sollte. Salameh, der eigentlich dafür vorgesehen war, kam nach dem Unfall in Avenel dafür nicht mehr in Frage, zumal er danach bei einer Erkundungsfahrt in die Tiefgarage des Welthandelszentrums noch mit einem anderen Auto zusammengestoßen war. Wieder hatte er mehr Glück als Verstand. Er konnte den Polizeibeamten einreden, daß die Frau am Steuer des anderen Wagens Schuld hatte. Das Risiko mit ihm war allen Beteiligten zu hoch.

Da in der Gruppe um den Scheich aber kein weiterer Fahrer zur Verfügung stand, rief Yousef am 19. Februar nachts von einer Telefonzelle aus einen alten Freund in Dallas (Texas) an. Es handelte sich um Eyad Ismoil, den er seit seiner Kindheit in Kuwait kannte und der nun in den USA Computerwissenschaften studierte. Ismoil fragte nicht viel, sondern erklärte sich bereit, seinem Freund zu helfen. Er kaufte gleich am nächsten Tag ein Flugticket und machte sich auf den Weg nach New York. Es durfte auch nicht mehr viel Zeit vergehen. In 48 Stunden sollte ihre Tat die Welt erschüttern. Bis dahin gab es noch viel zu tun.

Am 24. Februar 1993 fuhren der Chemielaborant Ayyad und Salameh noch einmal zum World Trade Center, um im Parkdeck B-2 jene Stelle zu inspizieren, die nach Yousefs Berechnungen am geeignetsten erschien, die Türme zum Einsturz zu bringen. Außerdem stoppten sie die Zeit, die erforderlich war, um die Garage mit dem Fluchtwagen wieder zu verlassen und ausreichend Abstand zu gewinnen. Entsprechend lang mußte die Zündschnur sein. Schließlich hatten sie nicht vor, die Mission als Selbstmordattentäter zu beenden.

Yousef kümmerte sich derweil um die genaue Anordnung der einzelnen Bombenbestandteile. Da sie die Sprengkraft ihres Gemisches nicht hatten testen können, wollte er auf Nummer Sicher gehen und durch zusätzliche Tanks mit verdichtetem Wasserstoff die Wirkung der Bombe verstärken. Wie sich herausstellte, war es jedoch gar nicht so einfach, ausreichend Wasserstoff aufzutreiben. Ayyad mußte helfen. Am 25. Februar 1993 orderte er von seinem Büro aus drei entsprechende Tanks, die noch am gleichen Tag in den angemieteten Lagerraum in der Mallory Avenue geliefert werden sollten. Yousef und Salameh machten sich auf den Weg dorthin, um die Lieferung in Empfang zu nehmen. Während sie vor dem Gebäude auf die Sendung warteten, kamen zwei Lagerarbeiter hinzu und verwickelten sie in ein Gespräch.

»Was macht ihr eigentlich?« fragte einer der beiden.

»Wir arbeiten in der Herstellungsindustrie«, antwortete Yousef vielsagend. »Wir haben einen kleinen Betrieb.«

Auf die Frage nach ihrer Herkunft erklärte Yousef zur Verwunderung von Salameh: »Ich bin aus Israel.«

Wie zur Bekräftigung fing er an, mit Salameh arabisch zu sprechen und beteuerte, auch noch Hebräisch sprechen zu können. Die Lagerarbeiter lächelten verständnisvoll. Doch sie bohrten weiter nach.

»Was stellt ihr Jungs eigentlich in eurem Betrieb her?«

Salameh warf Yousef einen hilfesuchenden Blick zu. »Ich weiß nicht genau, wie das auf englisch heißt«, redete dieser sich heraus.

In diesem Augenblick fuhr der Lieferwagen vor und brachte die Tanks mit dem Wasserstoff. Es waren drei eineinhalb Meter große Zylinder. Als einer der Lagerarbeiter die Tanks sah, ging er nochmals auf Yousef zu. »Wir dürfen hier kein Gas lagern«, sagte er bestimmt. Nein, nein, die sollten hier auch gar nicht gelagert werden, erklärte Yousef. Die drei Behälter würden in 20 Minuten von einem Freund wieder abgeholt. Das sei hier nur der Übergabepunkt.[29]

Tatsächlich kam wenig später der mittlerweile in New York eingetroffene Ismoil mit dem gemieteten Kleintransporter vorbei. Von hier aus ging es mit der gefährlichen Ladung in ihre Mietwohnung. Nun erwies es sich tatsächlich als günstig, daß die schweren Tanks nur in das parterre gelegene Appartement gerollt werden mußten. Der Aktion schien nichts mehr im Wege zu stehen. In weniger als 24 Stunden wollten sie zuschlagen.

Um die Verfolger nach dem Anschlag nicht allzu schnell auf ihre Spuren zu bringen, entschied sich Salameh noch am Abend, den gemieteten Lieferwagen offiziell als gestohlen zu melden. Da der Wagen am nächsten Tag ja mit der Bombe in die Luft gehen würde und vermutlich nichts von ihm übrig blieb, würde der Verleiher den nicht zurückgebrachten Wagen nicht als vermißt melden, denn er galt ja nun als gestohlen.

Die einzige Gefahr war noch, daß die Polizei den Transporter just auf der Fahrt zum World Trade Center stoppen und in ihrer Liste der gestohlenen Wagen finden würde. Um dies zu verhindern, gab Salameh der Polizei ein falsches Kennzeichen an. Bis der Irrtum aufgeklärt war, wären sie über alle Berge.

Als Salameh von der Polizei zurückkam, trugen die anderen gerade Kartons mit Büchern, Zeitschriften und den übriggebliebenen Chemikalien in den »gestohlenen« Lieferwagen. Alle verdächtigen Unterlagen sollten mit verbrennen. Danach folgten die einzelnen Bestandteile der Bombe. Insgesamt waren es 15 große Nitroglycerin-Behälter mit einem Gesamtgewicht von über 12 Zentnern. Hinzu kamen noch die drei Wasserstofftanks.

Da mit dem hochexplosiven Gebräu äußerst vorsichtig umgegangen werden mußte, dauerte die Beladung bis weit nach Mitternacht. Anschließend setzten sich die Beteiligten noch einen Moment zusammen. Ihnen war völlig klar, was sie da vorhatten. Der 26. Februar 1993 sollte zum schlimmsten Tag in der Geschichte der Vereinigten Staaten werden. Sie spekulierten auf über 100000 Tote. Danach würde der »große Satan« die Gewißheit haben, daß der »Heilige Krieg« nun auch in Amerika selbst angekommen sei. Einen Bekennerbrief mit entsprechendem Text hatten sie schon vorbereitet.

Am nächsten Vormittag ging es dann los. Ismoil chauffierte den Lieferwagen mit der explosiven Fracht von New Jersey durch den Tunnel nach Manhattan und dort durch den dichten Verkehr, in dem ihr Wagen nicht weiter auffiel. Auf dem Beifahrersitz saß Yousef. In einigem Abstand folgte Salameh mit dem roten Chevy Corsica. Am World Trade Center angekommen, fuhren sie direkt in die Tiefgarage unter dem Nordturm und parkten den Wagen auf der B-2-Ebene an der vorgesehenen Stelle, wo mehrere massive Stahl- und Betonträger aufeinandertrafen. Sie bildeten die Tragsäulen des skelettartigen Gebäuderahmens. Yousef ging davon aus, daß dies die Achillesferse des Turms war. Wenn es gelänge, durch die Explosion die Mehrzahl der Träger zu zerstören, müßte seinen Berechnungen zufolge der Nordturm einstürzen und dabei direkt in den Südturm krachen. Zudem spekulierte Yousef darauf, daß die Wucht der Explosion so stark sein würde, daß die Fundamentwanne des Gebäudes einen Riß bekäme und so das Wasser vom Hudson River in die Untergeschosse fluten würde.

Während Ismoil und Salameh Wache standen, stieg Yousef in den Laderaum des Lieferwagens und machte die Bombe scharf. Es war ein simpler Mechanismus. In der Mitte der Ladefläche hatten sie vier Behälter mit Nitroglycerin durch Zündschnüre miteinander verbunden. Es waren mit Gummi ummantelte Zündschnüre der Marke Atlas Rockmaster, die beim Abbrennen wenig Rauch entwickelten. Auf diese Weise bestand kaum Gefahr, daß die Bombe vorzeitig entdeckt würde. Zur Sicherheit hatte Yousef vier dieser Schnüre angebracht, die von verschiedenen Enden her auf den Explosionsherd zubrennen sollten. Selbst wenn drei davon ausgingen, würde noch immer garantiert sein, daß die vierte ihr Ziel erreichte. Alle Schnüre waren sechs Meter lang. Nach Yousefs Berechnungen sollte dies ausreichen, um in Ruhe die Tiefgarage zu verlassen und den nötigen Abstand zu gewinnen.

Nun war es soweit. Mit einem Feuerzeug zündete Yousef nacheinander die vier Schnüre an. Als er sicher war, daß sich die Flammen gleichmäßig auf die Tanks zufraßen, kam er heraus und stieg mit den anderen in den roten Chevy. Salameh gab Gas. Doch als sie nach oben kamen, war die Ausfahrt der Tiefgarage blockiert. Ein Lastwagen stand quer davor. Salameh hupte wie wild. Yousef kam sich vor wie in einem schlechten Film.[30] Das Herz begann zu rasen. Jede Sekunde schien zu einer Ewigkeit zu werden. Endlich kam der Fahrer, gestikulierte abwehrend und machte den Weg schließlich frei. Salameh drückte das Gaspedal durch, der Wagen sprang geradezu auf die Straße. Es war 12.05 Uhr. Jeden Moment konnte die Bombe hochgehen.

Zur gleichen Zeit saß Monica Smith im Büro der Reinigungsfirma, das nur durch eine einfache Betonwand vom Parkdeck B-2 getrennt war. Als Sekretärin kontrollierte sie die Stundenzettel ihrer Kollegen. Für die 35jährige Ecuadorianerin war das World Trade Center inzwischen zum Lebensmittelpunkt geworden. Sie arbeitete hier nicht nur, sondern hatte hier auch ihren Mann kennengelernt, von dem sie nun ein Baby erwartete. In zwei Monaten sollte ein Junge geboren werden, für den sie den Namen Eddie ausgesucht hatten. Von den Kollegen wurde Monica regelrecht umsorgt. Stephen Knapp, ihr 48jähriger Chef, hatte ihr von zu Hause einen Auberginenauflauf mit Parmesankäse mitgebracht. Knapp war schon zur Mittagspause in den Aufenthaltsraum nach nebenan gegangen. Dort befanden sich auch sein 47jähriger Mitarbeiter Bill Macko und Robert Kirkpatrick, ein 61jähriger Schlosser. Ein weiterer Kollege, Bill Lavin, schaute kurz rein, erklärte aber, er habe im Fernsehen gesehen, daß es draußen schneie, und er wolle erst einmal kurz nach oben gehen und sich das verschneite Manhattan ansehen. In ein paar Minuten wäre er wieder zurück. Dies sollte ihm das Leben retten.

Um 12.18 Uhr explodiert die Bombe. Sie zerfetzt den Lieferwagen, und mehrere dicke Stahlpfeiler knicken ein wie Streichhölzer. Die enorme Druckwelle breitet sich blitzartig in alle Richtungen aus. Von den nahe gelegenen Büros auf der Ebene B-2 bleibt nichts übrig. Monika Smith wird von Betonblökken erschlagen, Eisenteile bohren sich durch ihren Körper. Sie und ihr ungeborenes Kind sind auf der Stelle tot. Robert Kirkpatrick schleudert es quer durch den Aufenthaltsraum, wobei ein Stück Rohrleitung ihm den Kopf abtrennt. Bill Macko treffen Dutzende Betonstücken, die schneller als Gewehrkugeln fliegen, mitten ins Gesicht. Seinem Kollegen Stephen Knapp bricht die Druckwelle das Rückgrat.

Ein wenig entfernt vom Explosionsort will der 45jährige Handelsvertreter John DiGiovanni im Parkdeck gerade sein Auto abschließen, als ihn die Druckwelle erfaßt und gegen eine Wand schleudert. Er stirbt kurz darauf im Krankenhaus. Ein Stockwerk darüber werden die Aufenthaltsräume des Dachrestaurants »Windows on the World« zerstört. Den 37jährigen Empfangskellner Wilfredo Mercado drückt es aus dem Raum heraus. Er wird später unter Tonnen von Beton gefunden.

Mit ungeheurer Wucht breitet sich die Druckwelle auch nach unten aus. Die Detonation reißt einen fünf Stockwerke tiefen und 60 mal 30 Meter breiten Krater in die Tiefgaragen. Die Kanalisationsanschlüsse brechen weg, fast acht Millionen Liter Abwasser fluten in die Parkdecks. Auch die Betondecke der unterirdischen U-Bahn-Station stürzt ein und begräbt Dutzende von Wartenden unter sich. Das ganze Gebäude zittert – doch die Fundamentwanne hält, der Turm bleibt stehen.

Die Auswirkungen des Anschlages sind bis in das letzte

Stockwerk zu spüren, denn sowohl das Kraftwerk als auch die Notstromanlage fallen aus. Hinzu kommt die enorme Rauchentwicklung. Der Qualm steigt in Windeseile durch die Lüftungs- und Aufzugsschächte bis in die obersten Stockwerke hinauf. Im Restaurant in der 105. Etage macht sich Panik breit. Viele befürchten, an den giftigen Gasen zu ersticken. Die Büroangestellten beginnen die Fensterscheiben einzuschlagen, um frische Luft zu bekommen. Es regnet Glasscherben auf die Straßen. Doch die zerbrochenen Fenster lösen einen Kamineffekt aus. Der Rauch steigt jetzt um so schneller nach oben, er wird geradezu angesaugt.

Zehntausende stürzen in die Flure, um zu den Feuertreppen zu gelangen. Aber der Qualm und die fehlende Notbeleuchtung machen die Orientierung schwer. Nahezu blind, rußgeschwärzt und laut hustend stolpern viele schließlich die Treppen hinunter. Gleichzeitig stecken über tausend Menschen in den insgesamt 104 Aufzügen fest und ringen dort um Luft. Eine Schulklasse aus Brooklyn, die einen Ausflug zur Aussichtsplattform unternommen hat, bleibt in Existenzangst fünf Stunden lang eingeschlossen.

Inzwischen rasen aus allen Teilen New Yorks die Feuerwehren und Sanitäter heran. Ein Polizeihelikopter rettet sechs Menschen vom Dach des Hochhausturmes. Bis zum späten Nachmittag werden 1045 Verletzte geborgen und in die Kliniken der Umgebung eingeliefert. Die meisten haben Rauchvergiftungen, Prellungen und Schnittverletzungen. Insgesamt sterben sechs Menschen. Polizei und Feuerwehr rechnen in dem Chaos zunächst mit weit mehr Opfern, denn schließlich arbeiten 55000 Menschen in den Türmen und kommen täglich 80000 Besucher hierher. Der Sachschaden ist dagegen immens. Er wird auf 500 Millionen Dollar geschätzt.

Anfänglich vermutet man einen Unfall in Folge eines Transformatoren-Kurzschlusses. Aber die verheerende Wirkung der Explosion läßt schon bald den Verdacht aufkommen, daß es sich um einen Anschlag handelt. Bereits am Nachmittag suchen Sprengstoffexperten im World Trade Center nach Spuren und möglichen weiteren Bomben. Die Polizei evakuiert nicht nur den zweiten Turm, sondern aus Sicherheitsgründen auch gleich das zweithöchste Gebäude der Stadt, das Empire State Building, und verschärft die Sicherheitsmaßnahmen auf den drei Flughäfen von New York. Die Bundespolizei FBI übernimmt die Untersuchungen und leitet die Operation »Tradebom« ein, die polizeiinterne Abkürzung für »World Trade Center Bombing«.

Bis zum Abend gehen insgesamt 19 Bekenneranrufe ein. Danach vermutet das FBI einen Zusammenhang mit der aktuellen Krise auf dem Balkan und den dazu laufenden Friedensverhandlungen in New York. US-Präsident Bill Clinton hatte am Vorabend erklärt, indirekt in den dritten Jugoslawien-Krieg eingreifen zu wollen und künftig die Enklaven der Bosnier in ihrem Kampf gegen Serben und Kroaten aus der Luft zu versorgen.

Während die Fahndung nach den Tätern bundesweit auf Hochtouren läuft, sitzt Yousef in der Erste-Klasse-Lounge auf dem Flughafen JFK und wartet darauf, daß seine Maschine nach Pakistan aufgerufen wird. Bei der Paßkontrolle hatte es keinerlei Schwierigkeiten gegeben. Das neue pakistanische Dokument mit der Nummer AA 662 804 war anstandslos akzeptiert worden, der Computer fand zu seinem Realnamen Abdul Basit Mahmoud Abdul Karim keinerlei Einträge. Auch die Investition in ein Erste-Klasse-Ticket schien sich auszuzahlen, denn die Kontrollen waren weit weniger streng als bei den Business- oder gar Economy-Passagieren.

Leider bietet das teure Ticket aber keine Garantie dafür, daß die Maschine auch pünktlich abhebt. Aus dem Lautsprecher muß er erfahren, daß sein Flug nach Pakistan auf die frühen Morgenstunden des nächsten Tages verschoben wird. Yousef wird unruhig. Hat das schon etwas zu bedeuten? Was kann er jetzt tun? Ein Verlassen des Flughafens und erneutes Einchekken am nächsten Tag würden das Risiko nur erhöhen. Vermutlich wimmelt es im Flughafengebäude nur so von Polizisten. Er entscheidet sich dafür, die Lounge nicht zu verlassen und die Zeit irgendwie zu überbrücken. Das fällt ihm bald nicht mehr schwer, denn im Fernsehen haben inzwischen Sondersendungen über den Anschlag begonnen.[31] Auf nahezu allen Kanälen wird darüber berichtet. Doch Yousef ist mit dem, was er dort hört und sieht, alles andere als zufrieden. Nicht nur, daß die Türme stehengeblieben sind, auch die Wirkung im Gebäude war offensichtlich weit geringer als geplant. Nach Angaben des Nachrichtensprechers sind nur sechs Menschen umgekommen. Yousef wollte durch Tausende Tote im Herzen der USA ein Zeichen setzen. Er war mit seiner Mission kläglich gescheitert.

Aber nicht nur das. Nun vermeldet ein Nachrichtensender auch noch, es gäbe Informationen, wonach für den Anschlag serbische Terroristen verantwortlich seien. Yousef kann es nicht fassen. Die Aktion ist sein Werk, folgt seinen politischen Plänen. Und jetzt sollen andere Gruppierungen davon profitieren, mit denen er nichts zu tun hat? Yousef wird sich in diesem Moment bewußt, daß es ein Fehler war, die Bekennerschreiben an fünf verschiedene Zeitungen nach dem Anschlag einfach in einen Briefkasten geworfen zu haben. Dadurch würden sie erst morgen in den Redaktionen eintreffen. An die aktuelle Rundfunk- und Fernsehberichterstattung hatte er einfach nicht gedacht. In den Briefen stand ganz eindeutig, worum es ging: »Wir sind das Fünfte Bataillon der Befreiungsarmee und übernehmen hiermit die Verantwortung für den Bombenanschlag. (...) Diese Aktion ist die Antwort auf die politische, wirtschaftliche und militärische Unterstützung der Amerikaner für Israel, den Staatsterrorismus dort und die restlichen Diktaturen in dieser Region.«[32]

Yousef wird in seiner Flughafen-Lounge immer unruhiger. Nach einer Weile kann er es nicht mehr aushalten und entschließt sich, zum nächsten Münztelefon zu gehen. Er wählt die kostenlose 800er-Nummer der Polizei, von der er weiß, daß sie stündlich tausendfach benutzt wird, so daß es wohl nicht so einfach sein wird, alle Gespräche sofort zurückzuverfolgen, zumal wenn er sich kurz faßt. Leise, aber deutlich spricht er noch einmal den entscheidenden Satz aus dem Bekennerschreiben und übernimmt im Namen einer bisher unbekannten Befreiungsarmee die Verantwortung für den Bombenanschlag. Yousef ist jedoch nicht der einzige, der für sich reklamiert, das Attentat begangen zu haben. Bis zum späten Abend registriert die New Yorker Polizei insgesamt 50 solcher Anrufer.

Ismoil verfolgt zur gleichen Zeit die Fernseh-Berichterstattung in einem Coffeeshop in Manhattan.[33] Er versucht, sich so normal wie möglich zu verhalten. Anschließend kauft er sich, dem Beispiel Yousefs folgend, ein Flugticket in die Heimat. Er kehrt kurz darauf nach Amman zurück. Nach Jordanien soll auch Salameh folgen, der sich um ein Billigticket bemüht. Für den 5. März findet er schließlich eines über Amsterdam. Zuvor will er aber noch etwas Geld machen. Zwei Tage nach dem Anschlag, am 28. Februar, ruft Salameh bei der Verleihfirma DIB Leasing in New Jersey an, bei der er unter seinem Namen den Lieferwagen gemietet hatte. Er informiert die Mitarbeiter, daß der Kleintransporter gestohlen worden sei und er dies ordnungsgemäß der Polizei gemeldet habe. Er kann auch die Nummer des Aktenvermerks nennen. Da der Diebstahl nicht seine Schuld sei, verlange er die Kaution in Höhe von 400 Dollar zurück, so wie es auch der Mietvertrag vorsehe. Salameh kündigt an, in den nächsten Tagen vorbeizukommen, um das Geld abzuholen. Er ahnt nicht, wie weit die Spurensuche im World Trade Center inzwischen gediehen ist.

Dort sind derweil mehrere Dutzend Polizeibeamte Tag und Nacht damit beschäftigt, die Trümmerberge zu durchkämmen und die sprichwörtliche Nadel im Heuhaufen zu suchen. Am 2. März vermelden die Fahnder einen ersten Erfolg an die FBI-Einsatzzentrale.[34] Zwei Agenten haben in der Nähe des Bombenkraters das demolierte Chassisteil eines Wagens gefunden. Obwohl die Metallreste verkohlt und stark verbogen sind, ist die Fahrgestellnummer noch zu erkennen. Als Halter wird die Verleihfirma DIB Leasing in Jersey City festgestellt. Dort erfahren die Ermittler, daß die Nummer zu einem Ford Econoline gehört, der kurz vor dem Anschlag ausgeliehen und zwischenzeitlich als gestohlen gemeldet worden ist. Der Mieter, ein gewisser Mohammed Salameh, wolle dieser Tage noch einmal vorbeikommen und die Kaution abholen. Die Ermittler können ihr Glück kaum fassen.

Zwei Tage später taucht Salameh tatsächlich bei der Verleihfirma am Kennedy Boulevard auf. Der Manager der Firma wird gerufen. Er erkundigt sich zunächst nach dem Hergang des Diebstahls und will von Salameh wissen, ob er allein mit dem Lieferwagen unterwegs war oder jemand den Vorgang noch bezeugen könne.[35] Salameh gibt aber keine Namen preis und verlangt die Kaution zurück. Der Manager will diese jedoch nicht in voller Höhe auszahlen, schließlich hätte er ja auch Verluste. Er bietet die Hälfte an. »Das ist nicht gerecht«, empört sich Salameh. Sie beginnen zu feilschen. Schließlich einigen sie sich auf 250 Dollar. »Okay«, sagt Salameh, »das ist gerecht.«[36] Zufrieden verläßt er das Büro der Verleihfirma. In diesem Moment greift das FBI zu. Der vorgebliche Manager, ein getarnter FBI-Agent, hatte den Beamten ein Zeichen gegeben.

Im FBI-Hauptquartier wird Salameh alsbald als Fahrer des roten Chevy identifiziert, der kurz vor der Explosion wild hupend aus der Tiefgarage des World Trade Center gerast war, wobei ihn mehrere Personen bemerkt hatten. In den Taschen Salamehs finden die FBI-Beamten zudem ein Adreßbuch und die Schlüssel zum Lagerraum, in dem noch Behälter mit Chemikalien stehen, die für den Bau einer vergleichbaren Bombe geeignet sind. Auf einem der Behälter finden sie nicht nur die Fingerabdrücke von Salameh, sondern auch die einer weiteren Person, deren Fingerabdrücke wiederum identisch sind mit denen, die auf dem an die New York Times adressierten Bekennerbrief sichergestellt werden konnten. Die Puzzleteile fügen sich allmählich zusammen.

Am folgenden Tag gelingt dem FBI der nächste Schlag. Das Adreßbuch von Salameh führt sie zur Wohnung des Technikers Yasin. Zur Überraschung der Beamten zeigt sich der Iraker höchst kooperativ. Bereitwillig erzählt er ihnen, daß er noch wenige Tage vor den Anschlägen versucht hatte, Salameh beizubringen, wie man einen Lieferwagen richtig chauffiert. Als man ihm erklärt, wozu der Lieferwagen benutzt wurde, gibt sich Yasin schockiert. Er könne sich beim besten Willen nicht vorstellen, daß sein Freund Salameh in so etwas verwickelt sei.[37] Als Yasin den Beamten auch noch ungefragt beschreibt, wo sich eine frühere Wohnung von Salameh befindet, halten sie ihn tatsächlich für unschuldig und lassen ihn laufen. Sie glauben sogar, mit Yasin einen Informanten gefunden zu haben, der sie künftig mit wertvollen Tips aus dem Umfeld der Gruppe versorgen kann. Daß dies ein Trugschluß ist, müssen die FBI-Ermittler am nächsten Tag feststellen. Als sie Yasin zum verabredeten nächsten Gespräch aufsuchen wollen, ist dieser verschwunden. Yasin hat sich in den Irak abgesetzt.

Sofort durchsucht das FBI seine Wohnung und findet Beweismaterial in Hülle und Fülle: Waage, Werkzeug und eine Jeans mit Säureverätzungen. Eine Analyse ergibt, daß es sich um Nitroglycerin handelt. Auf die heißeste Spur stoßen die Fahnder schließlich in der Mülltonne vor der Wohnung. Darin finden sie eine Straßenkarte, worauf die Route zu einem Haus in der Pamrapo Avenue in Jersey City eingezeichnet ist.

In dem Appartement entdecken die Spurensicherer des FBI die eigentliche »Bombenfabrik« der Terroristen. Überall in der Parterrewohnung finden sich Rückstände von chemischen Substanzen, selbst im Kühlschrank stoßen die Ermittler auf Spuren von Nitroglycerin. Als besonders interessant erweist sich aber ein ganz gewöhnliches Telefonbuch. Davon können die Beamten mehrere Fingerabdrücke abnehmen. Sie sind wiederum identisch mit denen von dem Bekennerbrief an die New York Times sowie mit den Abdrücken auf den Chemiefässern, die man in dem Lagerraum gefunden hatte. Es sind die Fingerabdrücke von Yousef, dessen Identität oder Name die FBI-Leute bislang noch nicht kennen. Aber sie ahnen, daß es sich dabei wohl um den Kopf der Terrorgruppe handelt.

Bei den anderen Verschwörern sprechen sich die Verhaftung von Salameh und die Hausdurchsuchungen schnell herum. Abouhalima, der »rote Mahmud«, weiß nun, daß er keine Zeit mehr verlieren darf, wenn er nicht als nächster verhaftet werden will. Am 6. März fährt er in aller Eile zum Flughafen und versucht, ein Ticket nach Deutschland zu bekommen. Er will dorthin zurück, wo er schon einmal ein paar Jahre gelebt hat und einige Freunde kennt. Für die Maschine desselben Tages sind allerdings sämtliche Plätze bereits ausgebucht, am nächsten Tag wäre noch etwas frei. Doch Abouhalima will nicht so lange warten, jetzt geht es um Stunden. Kurzerhand kauft er ein Ticket für die nächstmögliche Maschine. Sie geht nach Südafrika. Er nimmt den teuren Umweg über Kapstadt gern in Kauf. Hauptsache, er kommt weg. Wenn er erst einmal in Europa ist, kann er jederzeit in seine Heimat Ägypten weiterreisen. Tatsächlich stürmt das FBI am nächsten Morgen seine Wohnung. Doch sie ist leer.

Am 10. März 1993, zwölf Tage nach dem Anschlag, gelingt dem FBI dann der nächste Treffer. Bei der Auswertung des Adreßbuches von Salameh sind die Beamten auf die Büroadresse der Firma Allied Signal in New Jersey gestoßen. Dort erfahren sie von Ayyad, dem »Chemielaboranten«. Noch am gleichen Tag wird der Jordanier in seiner Wohnung in Maplewood, New Jersey, verhaftet. Auf seinem beschlagnahmten Computer machen die FBI-Spezialisten bereits gelöschte Dateien wieder lesbar. Darunter befindet sich der Entwurf für ein weiteres Bekennerschreiben an die New York Times, das offensichtlich nachträglich verschickt werden sollte: »Leider waren unsere Berechnungen diesmal noch zu ungenau. Aber wir versprechen Ihnen, nächstes Mal werden sie sehr präzise sein. Das WTC gehört weiterhin zu unseren Zielen in den Vereinigten Staaten«, heißt es dort. Und als weitere Drohung wird hinzugesetzt: »Zu Ihrer Information: Unsere Armee verfügt über mehr als 150 Selbstmordsoldaten, die bereit sind, jederzeit loszuschlagen.«

Im Rahmen der Operation »Tradebom« wird nun intensiv nach weiteren Mitgliedern der Gruppe gesucht und das Kontaktfeld genauer beleuchtet. Dafür durchforsten Beamte auch alte Ermittlungsverfahren nach möglichen Anhaltspunkten. In der Akte über den Mord am Rabbiner Kahane aus dem Jahr 1990 werden die Ermittler fündig. Sie stoßen auf eine Verbindung des damaligen »Einzeltäters« zu den bereits verhafteten Mitgliedern der Bomben-Gruppe. Sowohl der Mörder des Rabbiners als auch die zwei verhafteten Verschwörer stammen aus dem Umfeld des »blinden Scheichs«.

Plötzlich erscheint der Kahane-Mord in einem völlig anderen Licht. Der Fall wird neu aufgerollt. In der Asservatenkammer der New Yorker Polizei finden sich noch das Notebook des Kahane-Mörders wie auch die Kartons mit den beschlagnahmten Unterlagen. Da das meiste davon auf arabisch ist, hatte man es aus Kostengründen nie übersetzen lassen. Nun sind genügend Mittel vorhanden. Als schließlich die englische Fassung vorliegt, sind die Verantwortlichen erschrocken. Die Notizen lesen sich wie die Vorbereitungen für den Anschlag auf das World Trade Center. Neben Namenslisten und Telefonnummern finden sich Zeichnungen von Sprengsätzen und eine Aufstellung möglicher Ziele. Im Notebook des Mörders heißt es in einem Manifest unmißverständlich: »Wir müssen die Feinde Gottes vollständig demoralisieren, indem wir ihre Türme in die Luft jagen.«

Die Experten des FBI ordnen diese Textpassage nach Wortwahl und Satzbau dem »blinden Scheich« zu. Umgehend werden die Ermittlungen auch gegen ihn ausgedehnt. Er könnte der ideologische Vordenker sein. Der Spitzel, den das FBI einst aus Kostengründen abgeschaltet hatte, wird reaktiviert und in den inneren Kreis um den Scheich geschleust. Die ersten Ergebnisse seiner Undercover-Operation lassen nicht lange auf sich warten. Animiert vom medialen Erfolg des Anschlages auf das World Trade Center, stachelt der »blinde Scheich« ziemlich unverhohlen seine Zuhörer zu weiteren Taten an. Eine Gruppe von fanatischen Anhängern planten daraufhin Anschläge auf das UN-Gebäude sowie auf den Lincoln- und den Holland-Tunnel, die das südliche Manhattan mit New Jersey verbinden. Außerdem wollten sie noch die George-Washington-Brücke in Nordmanhattan in die Luft jagen sowie die Freiheitsstatue sprengen. Am 2. Juli 1993 werden der »blinde Scheich« und acht seiner Gefolgsleute verhaftet.

Auch bei der weltweiten Jagd nach dem »roten Mahmud« kann das FBI einen Erfolg verbuchen. Abouhalima wird einige Wochen später in Ägypten verhaftet. Bereits nach wenigen Tagen ist er geständig. Die ägyptischen Behörden geben dem Auslieferungsersuchen der USA statt. Als schließlich FBI-Beamte mit einer Maschine der U.S. Air Force Abouhalima in Kairo abholen, fällt dieser den Polizisten um den Hals und küßt sie, ganz so, als handele es sich um seine besten Freunde. Offensichtlich war der »rote Mahmud« bei den Vernehmungen von den ägyptischen Sicherheitskräften nicht gerade behutsam behandelt worden.

Bereits ein halbes Jahr nach dem Anschlag, am 14. September 1993, kann den verhafteten Verschwörern in New York der Prozeß gemacht werden. Auf der Anklagebank sitzen neben Abouhalima und Salameh auch Ayyad und Ajaj, den man inzwischen als gescheiterten Mitverschwörer entlarvt hat. Die vier werden zu je 240 Jahren Gefängnis verurteilt.

Doch der eigentliche Hauptschuldige ist nach wie vor auf freiem Fuß. Sein Name: Ramzi Ahmed Yousef. Das FBI hat von seiner Existenz während der Verhöre erfahren und konnte ihn alsbald auch einwandfrei identifizieren, sogar ein Foto existiert von ihm. Darauf ist ein junger Mann, Mitte 20, mit schwarzen Haaren und Vollbart zu sehen. Besondere Merkmale: große, weit abstehende Ohren. Die Aufnahme stammt vom 1. September 1992, dem Tag seiner Einreise in die USA, fotografiert von einer Beamtin der Einwanderungsbehörde auf dem JFK-Flughafen. Die damals genommenen Fingerabdrücke erweisen sich mit denen in der »Bombenfabrik« und auf einem der Bekennerbriefe als identisch.

Obwohl das FBI auch herausgefunden hat, daß Yousef in Wirklichkeit Abdul Basit Mahmoud Abdul Karim heißt und nicht aus dem Irak, sondern aus Kuwait stammt, stellt die New Yorker Bundesanwaltschaft einen Haftbefehl auf seinen Alias-Namen aus, weil er unter diesem bekannter ist. Der 25jährige gilt fortan als einer der meistgesuchten Terroristen der Welt. Er wird in den Medien mit dem palästinensischen Flughafenattentäter Abu Nidal verglichen und mit dem Venezolaner Carlos, dem sogenannten Schakal. In Anspielung auf den legendären Auftragskiller spricht die amerikanische Presse von Yousef als dem »neuen Schakal«.

Wie seine berühmten Ebenbilder bleibt auch Yousef für lange Zeit unauffindbar. In die Suche nach ihm wird sogar das US-Außenministerium eingeschaltet und eine Belohnung von zwei Millionen Dollar für seine Ergreifung ausgesetzt. Den Steckbrief läßt man zusätzlich in arabischer und englischer Sprache auf 37000 Streichholzheftchen drucken, die von amerikanischen Konsulaten weltweit an Hotels, Bars und Restaurants verteilt werden. Die Operation »Tradebom« wird zu einer der aufwendigsten Fahndungen in der Geschichte des FBI. Doch von dem Araber mit den Segelohren fehlt vorerst jede Spur.

Die Operation »Bojinka«

Sprengstoffanschläge gegen US-amerikanische Flugzeuge (1994/95) – Vorbereitungen für ein Papst-Attentat in Manila – Der Aufbau des internationalen Terrornetzwerkes von Osama Bin Laden

Ramzi Yousef ist im Gewimmel von Pakistans größter Stadt untergetaucht. Karatschi mit seinen zwölf Millionen Einwohnern und dem riesigen Hafen gilt als ein wild wuchernder Moloch mit extrem hoher Kriminalität. Hier sind Raub, Mord und Totschlag an der Tagesordnung, rivalisierende muslimische Milizen bekämpfen sich erbittert, Dutzende Tote werden mitunter in einer einzigen Nacht gezählt. Die Polizei wagt sich in viele Stadtteile kaum noch hinein. Für Yousef ein ideales Versteck, zumal er hier auf die Unterstützung seiner Familie rechnen kann, die vor dem Golfkrieg Kuwait verlassen hatte und nach Karatschi zurückgekehrt war.

Yousefs Unterschlupf befindet sich in einem Bezirk, der vorwiegend von Belutschen bewohnt wird, die mehr als zehn Prozent der Stadtbewohner ausmachen. Sie stammen ursprünglich aus Belutschistan, einem Gebiet, das im 19. Jahrhundert auf die Staaten Afghanistan, Iran und Pakistan aufgeteilt wurde. Die Abkömmlinge dieses Volksstammes stehen nicht nur im Ruf, gute Händler zu sein, sondern gelten vor allem als furchtlose Kämpfer. In der gebirgigen westpakistanischen Provinz Belutschistan haben Recht und Gesetz bis heute wenig Gültigkeit. Aus dieser Region kommen auch Yousefs Vorfahren.

Yousef ruft als einen der ersten seinen alten Jugendfreund Abdul Hakim Murad an. Sie verabreden sich zu einem Treffen in einem Restaurant in der Tariq Road, wo Yousef ihm stolz von seinen Taten in New York berichtet. Murad zeigt sich tief beeindruckt, die Fernsehbilder von dem rauchenden World

Trade Center sind ihm noch gut in Erinnerung, und zu den USA hat er ohnehin ein engeres Verhältnis. Er hat dort gerade seinen Pilotenschein erworben und an diversen Flugschulen reichlich Praxisstunden gesammelt. Damit will er sich nun bei der Pakistan International Airline als Pilot bewerben. Doch momentan ist er arbeitslos, weshalb die Treffen mit Yousef, die nun regelmäßig folgen, eine angenehme Abwechslung darstellen. Er fühlt sich seinem alten Freund durch die ähnliche Entwicklung sehr verbunden. Am 1. April 1968 wurde er als pakistanischer Staatsbürger in Kuwait geboren und wuchs dort auch auf, bis ihn die Ausbildung in andere Länder führte. Seine Identität in den wechselnden Ländern bewahrte er über den Islam, für den er auch bereit ist, gegebenenfalls zu kämpfen. Yousef spricht immer wieder darüber, daß man als guter Moslem auch bereit sein muß, das eigene Leben im Kampf zu opfern. Schritt für Schritt vermittelt er ihm seine Auffassungen vom Heiligen Krieg. Murad läßt sich von dem Eifer anstekken und erklärt sich schließlich bereit, an Yousefs Seite in den Dschihad zu ziehen.

Nun finden die Treffen nicht mehr in öffentlichen Restaurants statt, und es wird über konkrete Anschlagsziele gesprochen. Erwogen werden US-Einrichtungen in Pakistan und mit westlicher Hilfe gebaute Atomkraftwerke, aber auch die liberale Premierministerin Benazir Bhutto, einzelne iranische Regierungsmitglieder und selbst US-Präsident Bill Clinton. Nach den Erfahrungen des gescheiterten Anschlags von New York vertritt Yousef nunmehr die Ansicht, daß man vermutlich nur über Selbstmordanschläge wirklich zum Ziel komme.[1] Murad greift dies auf und versucht, seine Kenntnisse als Pilot dabei einzubringen. Er entwickelt schließlich den Plan, das Hauptquartier des US-Geheimdienstes CIA in Langley im US-Bundesstaat Virginia anzugreifen. Das ginge sogar ohne viel Sprengstoff: Er schlägt vor, ein frisch betanktes Passagierflugzeug zu entführen und es im Stile eines Kamikaze in das CIA-Gebäude zu stürzen. Ein mit Kerosin aufgefülltes großes Flugzeug hätte beim Aufprall eine Sprengkraft, die jede von Yousef gebaute Bombe um ein Vielfaches übertreffen würde. Murad läßt auch keine Zweifel daran, daß er bereit wäre, eine solche Selbstmordmission auszuführen.[2]

Im weiteren diskutieren die beiden, wie man ein entsprechendes Flugzeug in seine Gewalt bringen könne, denn dazu müßte es gelingen, eine Waffe an Bord zu schmuggeln, um das Cockpit unter Kontrolle zu bekommen. Yousef ist von der Idee grundsätzlich begeistert und schlägt vor, für die konkrete Umsetzung fachkundige Partner zu gewinnen.

Beim nächsten Treffen führt Yousef seinen Jugendfreund zum Appartement eines Mannes, der für solche Überlegungen aufgeschlossen sei. Der Mann ist klein, leicht übergewichtig, hat braune Augen und trägt einen dichten, schwarzen Vollbart. Er stellt sich als Abdul Majid vor, saudischer Geschäftsmann, spezialisiert auf Export und Import. Seine Handelsfirma beliefere strenggläubige Moslems in Pakistan mit heiligem Wasser aus Mekka.[3]

Nach einer Weile des gegenseitigen Abtastens unterbreitet Murad dem kleinen Mann dann den Vorschlag, ein entführtes Flugzeug in das CIA-Hauptquartier stürzen zu lassen. Der Mann hört interessiert zu und fragt zwischendurch mit einer markanten Fistelstimme immer wieder nach Details. So will er wissen, wie lange es insgesamt dauert, eine Pilotenlizenz zu erwerben. Außerdem erkundigt er sich, wieviel eine Pilotenausbildung in den USA kostet und welche Flugzeugtypen man danach alles fliegen darf. Murad gibt bereitwillig Auskunft. Er erzählt von seinen ersten Flugerfahrungen an der Continental Flying School in Pasay City auf den Philippinen, vor allem aber von den verschiedenen Ausbildungsetappen in den USA zwischen November 1991 und Juli 1992.[4] Überall habe er sich problemlos für die Kurse anmelden können, allerdings sollte man die erheblichen Qualitätsunterschiede beachten. Den Unterricht an der Alfa-Tango Flying School im texanischen San Antonio beispielsweise habe er nach zwei Wochen wieder abgebrochen, weil dort nur eine sehr kleine Start- und Landebahn zu Verfügung stünde und zudem der Einführungslehrgang sehr schlecht wäre. Danach sei er zwei Monate lang an der Richmore Flugschule in Schenectady im Bundesstaat New York gewesen, allerdings zur falschen Jahreszeit, denn im Winter könne man wegen des schlechten Wetters nur selten fliegen, da die Start- und Landebahn ständig vereist wäre. Aus diesem Grund sei er über San Antonio weiter nach New Burn in North Carolina gezogen, wo er an der Coast Aviation Flying School seine Abschlußprüfungen absolviert und schließlich auch seine Pilotenlizenz erhalten habe. Hier sei es auch möglich gewesen, an professionellen Flugsimulatoren das Steuern von größeren Maschinen zu üben. Mit der Lizenz in der Tasche habe er dann zusammen mit anderen Absolventen an der California Aeronautical Flying School in Red Blott einen Monat lang fast täglich Flugstunden genommen und so seine Flugpraxis verbessert. Alles in allem habe er für die neunmonatige Ausbildung etwa 11000 US-Dollar bezahlt.

Diese Kosten können Yousef und Majid nicht schrecken, sie wissen, was der Anschlag auf das World Trade Center gekostet hat, denn der kleine, dicke Mann hatte einen Großteil davon zur Verfügung gestellt: Mehr als 20000 Dollar waren in das Unternehmen geflossen, ohne das erwartete Ergebnis zu bringen. Mit Kamikazepiloten zu operieren, würde also nicht nur billiger sein, sondern auch noch eine größere Wirkung versprechen.

Als Murads Bewerbung wenig später bei der Pakistan International Airlines abgelehnt wird und er mit dem Gedanken spielt, ins Ausland zu gehen, überredet ihn Yousef, in Pakistan zu bleiben und eine Ausbildung für den Dschihad zu durchlaufen. Für seine Finanzierung wird in der Zwischenzeit gesorgt. Als erstes soll Murad lernen, aus handelsüblichen Chemikalien Bomben zu bauen oder – wie es in der Sprache von Yousef heißt – »Schokolade herzustellen«. Doch obwohl

Yousef darin geübt ist, passiert ihm bei einer Lehrvorführung ein Malheur. Beim Hantieren mit Bleiazid, einem Initialsprengstoff aus wasserlöslichen Bleisalzen und Salzen der Stickstoffwasserstoffsäure, muß Yousef zu seiner Verärgerung feststellen, daß sich kleine Schmutzpartikel auf den explosiven Kristallen abgelagert haben. Entgegen seiner sonst sehr vorsichtigen Art versucht er spontan, mit bloßen Fingern die Schmutzpartikel von dem Bleiazid zu entfernen. Dabei übt er jedoch zuviel Druck auf die Kristalle aus. Direkt vor seinem Gesicht explodiert die »Schokolade«.[5]

Murad bringt Yousef sofort ins nächstgelegene Krankenhaus, doch die Ärzte schütteln nur hilflos den Kopf. Das Civil Hospital ist für die schweren Verbrennungen an den Händen und die extremen Verletzungen am rechten Auge nicht hinreichend ausgerüstet. Murad transportiert den halbblinden Yousef daraufhin in das Agha Hospital, aber auch dort ist man überfordert. Erst im Jenah Hospital sehen sich die Ärzte in der Lage, Yousef zu helfen. Als sie wissen wollen, wie es zu den Verletzungen gekommen ist, erklärt Yousef, ein Bunsenbrenner sei ihm explodiert.[6]

In den folgenden Wochen kümmert sich Murad beinahe täglich um Yousef. Parallel dazu sondiert er wieder seine Arbeitschancen im Ausland, denn aus dem gemeinsamen Projekt scheint ja nun nichts mehr zu werden. Im Spätsommer 1993 entschließt sich Murad dann, nach Dubai zu gehen, wo er auf einen Job als Pilot hofft. Bei einem seiner letzten Besuche im Krankenhaus trifft er noch einmal auf Majid, der nun die Betreuung von Yousef übernimmt, wie er auch für alle Kosten der komplizierten Behandlung aufkommt. Mehrmals wird Yousef operiert, doch nur mit mäßigem Erfolg. Als er nach sechs Monaten entlassen wird, ist er auf dem rechten Auge so gut wie blind, seine Hände bleiben schwer gezeichnet und sind mit Narben übersät.

Als wolle er den Fehlschlag von New York und das Mißgeschick im Bombenlabor wieder wettmachen, stürzt sich

Yousef nun mit doppeltem Eifer in die Vorbereitung einer neuen großen Aktion. Diesmal will er binnen 48 Stunden ein Dutzend westlicher Verkehrsflugzeuge über dem Pazifik in die Luft jagen. Seinen teuflischen Plan nennt er Operation »Bojinka«. Der Begriff kommt aus dem Serbo-Kroatischen und heißt soviel wie »lauter Knall«. Er tauchte gerade in den Medien auf, da während des dritten Jugoslawien-Krieges die Muslime in Bosnien mit großen Sprengfallen die Kroaten zu bekämpfen suchten. Fieberhaft arbeitet Yousef an einer Lösung für das Problem, wie man ausreichende Mengen Sprengstoff unbemerkt in die Flugzeuge schmuggeln könne. Da inzwischen die Sicherheitskontrollen auf den meisten Flughäfen so weit verfeinert sind, daß die klassischen kleinvolumigen Sprengstoffe wie Semtex oder C4 aufgespürt werden können, entschließt sich Yousef trotz aller Verletzungen dazu, einen eigenen Sprengstoff zu entwickeln, der nicht bemerkt werden kann.

In seinem Besitz befinden sich noch mehrere einschlägige Chemie-Handbücher, die er während seines Studiums in Schottland aus der Universitätsbibliothek hatte mitgehen lassen. In ihnen sucht er nach einer Möglichkeit, flüssiges Nitroglycerin, die explosive Komponente von Dynamit, das allein aber zu stoßanfällig ist, um transportiert werden zu können, mit anderen Substanzen so zu mischen, daß es von den Röntgenapparaten auf den Flughäfen nicht erfaßt wird. Yousef besorgt sich eine Anzahl von Chemikalien wie Schwefelsäure, Salpetersäure, Azeton und Nitrobenzol. Verbissen entwickelt er immer neue Mixturen. In seinem Eifer passiert ihm das nächste Mißgeschick. Er verwechselt seine Getränkeflasche mit einer der Plastikflaschen, in die er Chemikalien gefüllt hat. Als er einen Schluck daraus nimmt, glaubt er im ersten Moment, innerlich zu verbrennen. Mit rotem Kopf stürzt er zum Wasserhahn und spült unablässig seinen Mund aus. Noch Tage danach hat er mit den Verätzungen zu kämpfen. Die rechte Mischung des Sprengstoffes will noch nicht gelingen.

Nach einem knappen Jahr kommt im Sommer 1994 Murad nach Karatschi zurück. Eine feste Stelle als Pilot hat sich nicht für ihn gefunden. Er nimmt erneut Kontakt mit Yousef auf und läßt sich über den Stand der Dschihad-Vorbereitungen informieren. Statt weiter mit gefährlichen Substanzen zu experimentieren, empfiehlt er Yousef, den alten Plan wieder aufzunehmen und ein entführtes Verkehrsflugzeug in ein Zielobjekt der verhaßten westlichen Zivilisation zu lenken. Murad geht noch einen Schritt weiter als beim letzten Mal und schlägt Yousef vor, die Maschine in ein Atomkraftwerk stürzen zu lassen. Er erklärt sich auch bereit, eine solche Mission selbst auszuführen.[7]

Um die logistischen Dinge dafür zu klären, treffen sich die beiden erneut mit Majid. Der saudische Geschäftsmann zeigt sich wieder ausgesprochen aufgeschlossen und macht sie mit einem Afghanistan-Veteranen bekannt. Es ist Wali Khan Amin Shah, der im Krieg gegen die Sowjets an der Seite von Osama Bin Laden gekämpft hat. Wegen seines dort bewiesenen Mutes nennt ihn der saudische Millionärssohn seitdem »Khan, der Löwe«.[8] Yousef bemerkt, daß die Kämpfe vor 1989 auch ihre Spuren hinterlassen haben: An der linken Hand fehlen dem »Löwen« zwei Finger. Khan läßt sich von Murad Einzelheiten über die Flugausbildung in den USA berichten und stellt eine spätere Unterstützung in Aussicht.

Da es mit der Kamikaze-Aktion und auch mit der Operation »Bojinka« nicht so richtig vorangeht, verfolgt Yousef zwischenzeitlich eine andere Spur. Im Spätsommer 1994 erfährt er aus den Zeitungen, daß demnächst sowohl der Präsident der USA als auch der Papst die philippinische Hauptstadt Manila besuchen werden, Bill Clinton im November, Johannes Paul II. Anfang Januar 1995. Daß die wichtigsten politischen und religiösen Repräsentanten der westlichen Welt in einem Land öffentlich auftreten wollen, in dem ihre Glaubensbrüder seit Jahren für einen islamischen Staat kämpfen, empört

Yousef und bringt ihn auf die Idee, vor Ort die Möglichkeiten eines Anschlages zu prüfen. Im September reist er nach Manila.

Auf den Philippinen gelingt es Yousef, binnen kurzem Kontakt zu Abdurajak Abubar Janjalani, dem Gründer und Anführer der *Abu Sayyaf* (Vater des Scharfrichters), aufzunehmen.[9] Die Rebellenorganisation hatte sich 1991 von der Islamischen Befreiungsfront Moro Islamic Liberation Front (MILF) abgespaltet und nach dem Mudschaheddin Abdul Rasul Sayyaf benannt, der im Afghanistan-Krieg an der Seite von Osama Bin Laden gekämpft hatte. Seitdem gibt es ein ganzes Netz von Kontakten, denn alle wichtigen philippinischen Moslem-Kämpfer wurden Anfang der 90er Jahre in Afghanistan ausgebildet, und Osama Bin Ladens Schwager Mohammed Jamal Khalifa, der auf den Philippinen als Regionaldirektor der islamischen Hilfsorganisation International Islamic Relief Organization (IIRO) tätig ist, gilt als der heimliche Finanzier der *Abu Sayyaf*.

Die Rebellengruppe kämpft für einen unabhängigen Moslem-Staat, der zunächst auf einzelnen Inseln der Philippinen errichtet werden soll. Der harte Kern besteht aus etwa 200 Kämpfern, die sich hauptsächlich mit Erpressungen und Entführungen finanzieren.

Yousef erhofft sich vom Anführer der *Abu Sayyaf* logistische Unterstützung bei der Vorbereitung des geplanten Anschlages auf den US-Präsidenten. Im Gegenzug verspricht er den Rebellen, sie im Bau von Bomben zu unterrichten. Aber Yousef muß relativ bald feststellen, daß dies ein recht einseitiges Geschäft wäre, denn die Rebellen operieren eher zurückgezogen in entlegenen Urwaldregionen und sind nicht in der Lage, ihm Einzelheiten über den Staatsbesuch von Bill Clinton in der Hauptstadt mitzuteilen. So muß er allein versuchen, sich die notwendigen Informationen zu beschaffen, welche Einrichtungen Bill Clinton bei seiner Visite alles aufsuchen wird. Die Sicherheitsvorkehrungen an den einzelnen Orten sind jedoch so enorm, daß es für einen Außenstehenden absolut unmöglich ist, an Stellen vorzudringen, wo man unbemerkt eine Bombe plazieren könnte. Auch die Überlegung, bei der Landung oder beim Start der Air-Force-One des US-Präsidenten eine Panzerfaust auf das Flugzeug abzufeuern, muß Yousef wieder verwerfen. Als letzte Variante prüft er, gegen die Präsidentenlimousine Giftgas einzusetzen und eine Granate mit Phosgen, einem äußerst gefährlichen Atemgift, abzufeuern.[10] Doch bis zum Staatsbesuch von Bill Clinton sind es nicht einmal mehr zwei Monate, und für einen Anschlag auf den mächtigsten Mann der Welt mit entsprechend mächtigem Sicherheitsapparat braucht man mehr Zeit für die logistische Vorbereitung. Es müßte die Fahrtstrecke erkundet, die Beschaffenheit des Wagens ermittelt und eine geeignete Wohnung angemietet werden, wofür Yousef die Unterstützung vor Ort fehlt. Er entschließt sich, nach Pakistan zurückzukehren, mit etwas mehr Zeit das Attentat auf den Papst in die Wege zu leiten und sich um die Operation »Bojinka« zu kümmern.

Nach zwei Monaten intensiver Arbeit gelingt es Yousef im November 1994, seine Sprengstoffexperimente zu einem befriedigenden Ergebnis zu bringen. Er schafft es, das flüssige Nitroglycerin so weit zu stabilisieren, daß es nicht bei jeder Erschütterung gleich explodiert, sondern sich nunmehr problemlos transportieren läßt. Außerdem hat er einen Zündmechanismus entwickelt, den es in dieser Miniaturausführung zuvor noch nicht gegeben hat. Dafür benutzt Yousef eine elektronische Casio-Armbanduhr. In dem Gehäuse der Uhr befindet sich ein kleiner Hohlraum, den Yousef vorsichtig mit nitroglyceringetränkten Wollfasern ausfüllt. An dem Weckmechanismus der Armbanduhr bringt er zwei winzige Drähte aus einer Glühbirne an, die durch die Wollfasern hindurchgehen und mit einer Batterie verbunden sind. Sobald die Weckfunktion der Casio-Uhr angeht, wird der Stromkreis geschlossen. Durch die Erwärmung der Glühdrähte werden die mit Nitroglycerin getränkten Wollfasern entzündet, die wiederum als Initialzünder für die eigentliche Bombe fungieren.[11] Yousef ist sich sicher, daß eine zum Zeitzünder umgebaute Armbanduhr selbst bei den strengsten Sicherheitsüberprüfungen am Flughafen nicht auffällt. Er beschließt, seine Neuentwicklung am besten gleich in der Praxis zu testen. Zusammen mit dem Afghanistan-Veteranen Khan fliegt er Ende November auf die Philippinen. Von hier aus soll ja später auch die Operation »Bojinka« laufen.

Khan ist es vorbehalten, den ersten Test auszuführen. Am 1. Dezember 1994, nachmittags um 16.26 Uhr, instruiert ihn Yousef per Mobiltelefon, das er sich eigens für die Operation auf den Philippinen angeschafft hat,[12] die Bombe unter einem Sitz im Greenbelt-Theater in Manila zu deponieren. Zu Beginn der Abendveranstaltung versteckt Khan dort den kleinen Sprengsatz unter einem Sitz und verläßt danach wieder das Theater.

Exakt um 22.30 Uhr, mitten in der Vorstellung, geht die Kleinbombe hoch. Allerdings wird niemand schwer verletzt oder getötet, denn der Sitz, unter dem sich die Sprengladung befunden hat, ist frei geblieben. Lediglich ein Liebespaar, das in der Nähe saß, trägt leichte Verletzungen davon. 20 Minuten nach der Explosion ruft Khan wieder bei Yousef an und unterrichtet ihn, was passiert ist. Yousef zeigt sich durchaus zufrieden. Die Bombe war exakt zum geplanten Zeitpunkt explodiert, der Zündmechanismus funktionierte also. An der Sprengkraft der Bombe gilt es weiter zu arbeiten, will man damit ein Verkehrsflugzeug zum Absturz bringen.

Yousef reist daraufhin nach Pakistan zurück und verfeinert die Technologie. Da ihm Grenzen gesetzt sind, was die Menge des einzuschleusenden Sprengstoffs betrifft, sucht er nach einem technologischen Ausweg. Er kommt auf die Idee, eine relativ kleine Bombe so zu plazieren, daß sie den Treibstoff des Flugzeugs entzündet und damit eine viel größere Wirkung erreicht. Deswegen besorgt er sich Konstruktionspläne der Boeing 747, des gebräuchlichsten Langstreckenflugzeugs der großen Airlines. Anhand der Jumbo-Pläne wird ihm schnell klar, daß der Sprengsatz unter einem Sitz direkt an den Tragflächen angebracht werden muß, denn dort befinden sich die Haupttanks.

Danach geht es Yousef darum, wie er seine Bombe so in unauffällige Einzelteile zerlegen kann, daß man damit problemlos durch die Sicherheitskontrollen an den Flughäfen kommt. Der Zeitzünder ist das geringste Problem. Den würde er wie eine ganz normale Armbanduhr am Handgelenk tragen. Auch für das Nitroglycerin gäbe es eine zufriedenstellende Lösung: Es wird in ein Kontaktlinsen-Etui abgefüllt und im Handgepäck verstaut, wo es beim Durchleuchten keine Irritationen auslösen dürfte. Lediglich die zwei 9-Volt-Batterien, die als Stromquelle für den Zündmechanismus benötigt werden, bereiten ihm noch Kopfzerbrechen. Sie sind die einzigen metallischen Teile der Konstruktion und könnten von den Metalldetektoren bemerkt werden. Doch bei einem der vielen Inspektionsbesuche auf dem heimischen Flughafen fällt Yousef auf, daß die Sensoren nicht ganz bis auf den Boden hinunterreichen. Bedingt durch den Rahmen beginnen sie erst drei oder vier Zentimeter darüber. Also wäre der Absatz von Schuhen ein ideales Versteck.

Für den Praxistest wählt Yousef erneut Manila aus, da er seinen Aufenthalt dort mit den Vorbereitungen auf das Papst-Attentat verbinden kann. Der Besuch des katholischen Kirchenoberhauptes ist für Anfang Januar 1995 angekündigt, so daß die Zeit drängt. Anfang Dezember 1994 landet Yousef erneut in Manila und begibt sich unverzüglich auf die Suche nach einem geeigneten Quartier.

Am 8. Dezember 1994 stößt er auf das »Doña-Josefa-Appartement« am belebten Boulevard Präsident Quirion, nicht weit entfernt von der vatikanischen Residenz. Das große sechsstöckige Betongebäude verfügt über 60 Zimmer. Yousef spricht dort vor und fragt, ob noch ein Appartement zur Straße hin frei wäre. Er hat Glück. Eine Angestellte nimmt einen Zimmerschlüssel vom Brett und fordert ihn auf, ihr zu folgen. Da der Lift kaputt ist, steigen sie die Treppen zum sechsten Stock hinauf. Bei dem noch freien Appartement 603 handelt es sich um einen kleinen, feuchten Raum mit angeschlossenem Badezimmer und einer Kochnische. Insgesamt wirkt das Zimmer mit seinen Wasserflecken an der Decke und dem leicht modrigen Geruch eher schäbig. Yousef geht zum Fenster hinüber, von wo aus sich ein Blick direkt auf die Hauptverkehrsstraßen des Stadtbezirks Malate eröffnet. Auf dem Boulevard rasen mehrspurig Autos entlang, dazu knattern die Motorroller und hört man das Klingeln der vielen Fahrradfahrer. Als Yousef das Fenster öffnet, empfängt ihn eine Welle von Lärm.

Die Appartementangestellte kommt ihm entgegen und erklärt, daß sie auch noch ein ruhigeres Zimmer habe, das sich auf der Rückseite des Gebäudes befinde, von wo aus man auch einen wunderschönen Blick auf die Bucht von Manila habe. Yousef schließt das Fenster, wendet sich lächelnd zur Appartementangestellten und erklärt: »Ich nehme dieses hier, es ist perfekt.«[13]

Yousef weiß inzwischen, daß der Boulevard Präsident Quirion zu der Route gehört, die Johannes Paul II. mit seinem Papamobil vorbei an Tausenden von jubelnden Philippinen abfahren wird. Sein Opfer wird somit direkt unter dem Fenster vorbeifahren, geradezu auf dem Präsentierteller.

Wieder unten an der Rezeption muß Yousef noch den Anmeldezettel ausfüllen und die Bezahlung klären. Man kann das Appartement entweder für einen Tag, für eine Woche oder für einen Monat mieten. Aber meist steigen die Gäste im »Doña Josefa« nur für eine Nacht ab. Es sind in der Regel Touristen, die billigen Sex suchen. Bereits um die Ecke beginnt das Rotlichtviertel. Die Verwaltungsleiterin Edith Guerrera ist deshalb etwas überrascht, als der junge Mann erklärt: »Ich will das Zimmer mindestens für einen Monat haben.« Die Miete von 11 880 philippinischen Pesos (zirka 480 Dollar) zahlt er für den ersten Monat bar im voraus. Er sei Maschinenbauingenieur und habe für einige Wochen beruflich in Manila zu tun. Mit dem Anmeldeformular legt Yousef einen marokkanischen Paß vor, ausgestellt auf den Namen Naji Owaida Haddad, wohnhaft in Rabat mit Geschäftsadresse in Casablanca.

Nachdem dieses Problem gelöst ist, nutzt Yousef die verbleibende Zeit für weitere Schritte hin zur Operation »Bojinka«. Am nächsten Tag sucht er das Reisebüro Sultan Express Travel im Sheraton Hotel in der Ocampo Straße auf und kauft sich dort für den 11. Dezember 1994 ein One-Way-Tikket nach Japan mit Zwischenstopp auf der philippinischen Insel Cebu. Dazu legt er einen Paß auf den Namen Amaldo Forlani vor. Der Abflug der Philippine Airline (PAL) ist für 5.30 Uhr morgens vorgesehen. Bei dieser Tour will er sich Gewißheit darüber verschaffen, ob er mit den Bombenbauteilen problemlos durch die Sicherheitsschleusen kommt und ob die Sprengkraft seiner Mixtur ausreicht, ein Verkehrsflugzeug vom Himmel zu holen. Das läßt sich nur im Ernstfall ermitteln.

Frühmorgens am 11. Dezember 1994 fährt Yousef hinaus zum Internationalen Flughafen von Manila. In seinem Handgepäck befinden sich die Kontaktlinsenschalen, randvoll mit stabilisiertem Nitroglycerin. An seinem Handgelenk trägt er die zum Zeitzünder umgebaute Casio-Armbanduhr. In den Absätzen seiner Schuhe hat er die Batterien versteckt. Alles geht glatt. Weder entdecken die Sicherheitsleute beim Durchleuchten des Handgepäcks das Nitroglycerin, noch fängt der Metalldetektor an zu piepsen, als Yousef durch die Sicherheitsschleuse tritt. Nur der Abflug von PR 434 verspätet sich um 20 Minuten.

Um 5.50 Uhr hebt die Maschine schließlich in Manila ab. An Bord des Jumbo 747-200 sind nur 80 Passagiere, darunter

Yousef alias Amaldo Forlani, dem der Platz 35F im Mittelteil zugewiesen worden ist. Yousef muß jedoch feststellen, daß er hier zu weit weg von den Tragflächen und somit den Tanks sitzt. Fünf Minuten nach dem Start fragt er deshalb eine Stewardeß, ob er sich nicht ein wenig weiter nach vorn setzen könne. Zuerst ignoriert die Flugbegleiterin seine Frage, doch nachdem er noch einmal nachhakt, erlaubt sie ihm, den Platz zu wechseln, zumindest bis zum Zwischenstopp in Cebu. Damit ist Yousef völlig einverstanden und setzt sich auf Platz 26K, im rechten Seitenbereich direkt über dem Flügel. Als die Stewardeß wenig später die ersten Snacks serviert, tut Yousef so, als würde er schlafen. Doch kaum ist der Rollwagen vorbei, beginnt er, die Bauteile der Bombe aus seinem Handgepäck zu nehmen. Mit ein paar geübten Handgriffen setzt er die einzelnen Elemente zusammen und verbindet sie mit dem Timer. Er stellt den Zeitpunkt der Explosion auf 11.43 Uhr ein. Um diese Zeit wird sich die Maschine nach dem Zwischenstopp in Cebu, bei dem Yousef das Flugzeug verlassen wird, längst wieder in der Luft befinden. Die fertig montierte Bombe versteckt Yousef unbemerkt in der Rettungsweste unter seinem Sitz. Der Countdown läuft.

Als die Stewardeß zurückkommt, um das Geschirr abzuräumen, bemerkt sie zu ihrer Überraschung, daß der Passagier mit der markanten Nase und den ungewöhnlich großen Segelohren schon wieder den Platz gewechselt hat.[14] Er sitzt nun drei Reihen weiter hinten auf dem Sitz 29K. Um 6.55 Uhr erreicht Flug PR-434 den Mactan Airport in Cebu. 17 der 80 Passagiere verlassen die Maschine und nehmen den Anschlußflug nach Narita in Japan, darunter auch Ramzi Yousef.

Um 8.31 Uhr startet der PAL-Jumbo vom Mactan Airport zum Weiterflug in Richtung Tokio. Die Maschine ist nun besser gefüllt, viele japanische Urlauber befinden sich auf dem Rückflug von der Ferieninsel, insgesamt sind 273 Passagiere an Bord, dazu eine 20köpfige Crew. Auf dem Sitz 26K hat der 25jährige Ingenieur Haruki Ikegami Platz genommen.

Zwei Stunden später bietet ein Flugbegleiter den Passagieren gerade Duty-Free-Waren zum Kauf an, als unter dem Sitz von Ikegami ein dünner Rauchfaden emporsteigt. Das Flugzeug hat in diesem Moment eine Flughöhe von 10000 Metern. Unmittelbar darauf, exakt um 11.43 Uhr, explodiert die Bombe. Ikegami wird durch die Wucht der Detonation im gesamten Unterleib zerfetzt. Er schreit vor Schmerzen. Im Sitz hinter ihm reißt die Explosion seinen Landsmann Yukihiko Usui aus dem Schlaf. Vor seiner Nase baumeln bereits Sauerstoffmasken, die automatisch herabgefallen sind. Usui hört die Schreie aus dem Sitz vor ihm. Als er sich über die Rückenlehne beugt, sieht er, wie sein Vordermann versucht, ihm etwas zu sagen. Ikegami hebt noch kurz den Zeigefinger, dann sackt er in seinem verkohlten Sitz zusammen.

Usui will seinem Landsmann zu Hilfe kommen und versucht aufzustehen. Aber als er sich erheben will, durchfährt ihn ein entsetzlicher Schmerz. Die Bombe hat ihm beide Beine verbrannt. Zudem haben sich kleine scharfe Metallteile in seinen Unterleib gebohrt. Ein Steward stürzt herbei. Als er den verstümmelten Unterleib des regungslos daliegenden Ikegami sieht, wirft er schnell eine Decke darüber. Obwohl er ahnt, daß der Passagier nicht mehr am Leben ist, stülpt der Steward dem Japaner eine Sauerstoffmaske über Mund und Nase. Die anderen Passagiere sollen nicht mitbekommen, daß Ikegami tot ist. Danach eilt der Steward zum Cockpit, um dem Kapitan Bericht zu erstatten.

Dort hat man schon bemerkt, daß etwas nicht stimmt, denn die Explosion hat auch ein kleines Loch in den Fußboden des Flugzeugs gerissen und die Kabel für eines der Querruder durchtrennt. Jimmy Herrera, der Erste Offizier, meldet sofort an die Bodenstation, daß es an Bord eine Explosion gegeben hat, und zwar auf Höhe des rechten Tragflügels. Dabei sei das Leitwerk beschädigt worden, womöglich haben auch die Landeklappen etwas abbekommen. Zur Erleichterung von Kapitän Ed Reyes ist der Druckausgleich an Bord jedoch normal, so daß die Explosion offensichtlich nicht die Außenhaut verletzt hat. Die Instrumente arbeiten mehrheitlich auch fehlerfrei. Lediglich der Autopilot reagiert nicht mehr auf den eingegebenen Kurs. Der Kapitän stellt deshalb auf Handsteuerung um.

Reyes beschließt, den nächstmöglichen Flughafen anzufliegen. Da sie Taiwan bereits passiert haben, ist das die südjapanische Insel Okinawa mit dem Flughafen Naha. Er liegt direkt auf Kurs. Per Funk nimmt Reyes Kontakt mit dem Tower auf und kündigt sicherheitshalber eine Notlandung an. Doch es gelingt dem Kapitän, die beschädigte Boeing 747 sicher zur Erde zu bringen. Beim Aussteigen wird festgestellt, daß von den 273 Passagieren insgesamt zehn verletzt sind. Fünf haben durch die Explosion Verbrennungen an Armen, Beinen und im Gesicht erlitten, zwei klagen über Prellungen und Stauchungen, drei stehen unter psychischem Schock. Nur für Haruki Ikegami kommt jede Hilfe zu spät.

Von seinem Fehlschlag erfährt Yousef aus dem Fernsehen. Alle Medien in Asien berichten über den Terrorakt und feiern Flugkapitän Reyes wegen seiner fliegerischen Meisterleistung, eine fast manövrierunfähige Boeing 747 sicher zu Boden gebracht zu haben.

Für Yousef ist schnell klar, daß die Detonation des Nitroglycerins offensichtlich nicht stark genug gewesen war, um die Kerosintanks zu entzünden und somit eine Kettenreaktion auszulösen. Er beschließt nach diesem Test, seine Mischung weiter zu verbessern, und begibt sich unverzüglich im chemischen Fachhandel von Manila auf die Suche nach den erforderlichen Substanzen. Nach einigen Umwegen wird er relativ bald fündig. In sein Appartement im »Doña Josefa« schleppt er reichlich Flaschen und Schachteln. Derartig schweißtreibende Arbeiten lassen Geschäftsleute normalerweise von Hilfskräften erledigen, die in Manila so billig wie kaum anderswo auf der Welt zu haben sind. Die Angestellten des Hotels wundern sich daher ein wenig, daß der elegant gekleidete, offensichtlich wohlhabende Araber die umfangreichen Einkäufe die vielen Treppen allein hochträgt.

Aber das ist nicht die einzige Merkwürdigkeit, über die sich das Personal wundert. Niemals darf das Zimmer 603 betreten werden, nicht einmal zum üblichen Wechseln der Laken jede Woche. Ständig hängt das Schild »Bitte nicht stören« an der Türklinke. Yousef hat handfeste Gründe dafür. Inzwischen ist die Küchennische zur Bombenwerkstatt geworden, wo Zentrifugenbecher, Fülltrichter, Watte und Chemiebücher herumliegen, im Zimmer auf dem Tisch befinden sich Lötkolben und Drähte, in der Ecke stehen Benzinkanister und mehrere Eineinhalb-Liter-Flaschen mit Chemikalien.

Und noch etwas fällt dem Personal auf. Statt der sonst üblichen jungen Damen kommt zum Bewohner von Zimmer 603 regelmäßig ein kleiner und etwas übergewichtiger Mann, der dort auch übernachtet. Als Abdul Majid das erste Mal vor der Tür stand, hätte Yousef ihn fast nicht wiedererkannt. Sein buschiger Vollbart war abrasiert, und statt des langen wallenden Gewandes trug er trotz der brütenden Hitze Anzug, weißes Hemd und Krawatte. Nichts erinnerte mehr an den frommen Moslem aus Karatschi. Zur »Tarnung« zogen die beiden Geschäftsmänner zudem abends ins nahgelegene Rotlichtviertel und besuchten dort Karaoke-Bars und Strip-Lokale.

Angestrengt arbeiten Yousef und Majid Tag für Tag an der Verbesserung der Explosivmischung, die sowohl für die Flugzeuganschläge als auch das Papst-Attentat genutzt werden soll. Da entlang der Strecke, die der Papst mit seinem Mobil zurücklegen wird, strengste Sicherheitsvorkehrungen herrschen, lassen sich dort keine großen Sprengladungen deponieren. Daher hat sich Yousef überlegt, am besten drei kleinere, aber wirkungsvolle Rohrbomben zu plazieren, die er gemeinsam mit seinem Helfer kurz vor Eintreffen des katholischen Oberhauptes unauffällig ablegen will. Um möglichst problemlos an die Strecke heran- und dort bis in die erste Reihe vorzukommen, haben sich Yousef und Majid bereits Priesterroben und

Stehkragen besorgt. Katholischen Geistlichen, so ihre Überlegung, dürfte der Zutritt zur Prozessionsstrecke kaum verwehrt werden. Zudem lassen sich unter dem weiten Gewand bequem die Bomben verstecken und man würde sie kaum kontrollieren.

Bis es so weit ist, arbeitet Yousef an der Operation »Bojinka« weiter. Sein ehrgeiziges Ziel ist es, innerhalb von 48 Stunden möglichst viele Maschinen US-amerikanischer Fluggesellschaften über dem Pazifik abstürzen zu lassen. Es soll ein symbolisch großer Schlag gegen die größte westliche Macht werden, der etwa so viel Aufsehen erregt, wie es beim Einsturz des World Trade Center der Fall gewesen wäre.

Yousef macht sich als erstes daran, die entsprechenden Flugpläne auszuwerten und den logistischen Ablauf zu planen. Dies geht nicht ganz ohne technische Hilfe. Mit seinen vernarbten Fingern tippt er die einzelnen Flugdaten in sein Toshiba-Notebook und markiert jene Flüge, die mit Zwischenstopps von Asien nach Nordamerika gehen. Die entsprechende Datei speichert er unter dem Namen »Bojinka« ab. Bald ist der Plan so weit ausgefeilt, daß es zusammen mit vier Helfern möglich sein müßte, binnen 48 Stunden insgesamt elf Flugzeuge explodieren zu lassen. Im Computer werden konkrete Reiseverbindungen für fünf Personen erstellt, die unter den Codenamen »Mirqas«, »Markoa«, »Obaid«, »Majbos« sowie »Zyed« erstellt werden.

Im Gegensatz zu den anderen, die jeweils in zwei Flugzeugen Bomben deponieren sollen, hat sich Yousef vorgenommen, gleich drei Maschinen nacheinander in die Luft zu jagen. Mit der US-Gesellschaft Northwest (NW) will er zunächst nach Seoul fliegen und dort kurz vor dem Verlassen der Maschine die Mini-Bombe wieder in der Schwimmweste unter seinem Sitz verstecken. Der Zünder soll so eingestellt werden, daß der Sprengsatz dann auf der nächsten Teilstrecke des Fluges NW 30 nach Los Angeles explodiert. Zu diesem Zeitpunkt würde er längst in einer Maschine der United Airlines (UA) nach Taipei sitzen und dort ebenfalls eine Bombe plazieren, so daß die Maschine des Fluges UA 826 auf der Strecke von Taipei nach Honolulu in Stücke gerissen wird. Währenddessen würde er schon wieder mit einer anderen Boeing der United Airlines nach Bangkok fliegen, wobei er den Timer der dort versteckten Bombe so einstellen will, daß die Maschine des Fluges UA 844 auf dem Weg nach San Francisco hochgeht. Er selbst plant, von Bangkok einen Flug nach Karatschi zu nehmen, da er sich dort vor den Fahndern des FBI am sichersten fühlt.

Yousef ist zufrieden. Der Plan scheint perfekt, auch Majid zeigt sich beeindruckt. Nun gilt es, geeignete Helfer zu finden. Außer Khan, dem »Löwen«, der bereits in der Stadt ist und sich sofort bereit erklärt, fehlen noch zwei. Yousef überlegt, einen seiner Brüder oder einen südafrikanischen Studenten einzusetzen, den er erst vor einem halben Jahr mit Hilfe seines Schwagers an einer islamistisch ausgerichteten Universität in Islamabad rekrutiert hat.[15] Doch als nächsten faßt er erst einmal seinen Jugendfreund Murad ins Auge, der sich ja schon ganz begeistert gezeigt hat, gegen die Vereinigten Staaten mit spektakulären Aktionen vorzugehen.[16] Mitte Dezember 1994 ruft er ihn an und lädt ihn nach Manila ein. Murad kommt ohne größere Nachfragen am 26. Dezember auf die Philippinen geflogen. Unter dem Namen Saeed Ahmed steigt er zunächst im Las Palmas Hotel von Manila ab. Am nächsten Tag sucht er Yousef in dessen Appartement auf. Als er das Zimmer 603 im »Doña Josefa« betritt, weiß er augenblicklich, worum es geht. Überall stehen Kartons und Behälter mit chemischen Substanzen herum, dazu kleinere Flaschen mit Salpetersäure und Schwefelsäure. Auf dem Tisch liegen zahlreiche Casio-Uhren.

Trotzdem ist Murad überrascht, als ihn Yousef schließlich in die Details der Operation »Bojinka« einweiht. Der Part von Murad soll darin bestehen, zuerst auf einem Flug der United

Airlines von Singapur nach Hongkong eine von Yousefs Minibomben zu deponieren, die dann auf dem Weg nach Los Angeles explodiert. Währenddessen soll er eine zweite Bombe auf einem UA-Flug von Hongkong zurück nach Singapur verstecken, die wiederum auf dem Rückflug der Maschine nach Hongkong in die Luft geht.

Murad ist skeptisch. Als ausgebildeter Pilot kennt er die Sicherheitsvorkehrungen auf den Flughäfen und glaubt nicht daran, daß man eine Bombe unbemerkt durch die Kontrollen an Bord einer Passagiermaschine bringen kann. Yousef versichert seinem Jugendfreund jedoch, daß dies unproblematisch sei und er es bereits ausprobiert habe. Weder die Röntgenapparate noch die Metalldetektoren würden die Bombenbauteile erkennen. Yousef fügt stolz hinzu: »Außer uns kann niemand in der Welt solche Bomben herstellen.«[17]

Schließlich gelingt es ihm, seinen Jugendfreund zu überzeugen und für die Aktion zu gewinnen. Dabei macht Murad deutlich, daß er dies allein aus religiöser Überzeugung tue.[18] Für Allah sei er bereit, auch weit größere Opfer zu bringen. In diesem Zusammenhang erinnert er Yousef an seine frühere Idee, sich mit einer entführten Passagiermaschine als Kamikaze in das Hauptquartier der CIA zu stürzen. Yousef hat das keineswegs vergessen, sondern parallel dazu bereits mit Majid mögliche Ziele dafür erörtert und entsprechende Pläne in seinem Computer aufgestellt. Als Anschlagsziele stehen dort das Weiße Haus und das Pentagon in Washington, der Sears Tower in Chicago oder das Trans-America-Gebäude in San Francisco. Mit vollgetankten Passagierflugzeugen könnte sogar etwas gelingen, was ihm vor über 22 Monaten mißlungen ist – der Einsturz der Zwillingstürme des World Trade Center in New York.

Doch zunächst geht es in Manila um die Operation »Bojinka«. Um ordentlich in die neue Technik eingewiesen zu werden, zieht Murad vom »Las Palmas« zu Yousef ins Appartement.

Majid sucht sich derweil eine andere Bleibe in einem vornehmeren Teil der Stadt, was auch besser zu seinem Image paßt. Schließlich stellt er sich zumeist als reicher Geschäftsmann aus Katar vor.[19] Er mietet sich ein schickes Auto, legt sich einen weißen Smoking zu und führt attraktive Damen in teure Restaurants aus. Andernorts stellt er sich einer Barfrau als gestrauchelter katholischer Geistlicher namens Salem Ali vor,[20] der sich nun vom Besuch des Papstes eine Offenbarung erhoffe. Das Spiel mit den verschiedenen Rollen beginnt ihn zu faszinieren, besonders genießt er seine Zweitexistenz als Lebemann. Er lernt schöne Frauen kennen und versucht, ihnen zu imponieren. Einmal mietet er für 17000 Pesos bei der Airlink International Aviation School für eine halbe Stunde einen Helikopter.[21] Den Piloten weist er an, zur Zahnklinik Sheafa in der M. Adriatico Straße im Stadtteil Ermita zu fliegen. Als sie über der Klinik kreisen, nimmt Majid sein Mobiltelefon aus der Tasche und ruft eine Frau an, die er zuvor auf einem seiner Streifzüge durch das nächtliche Manila kennengelernt hat. Sie arbeitet in einer Zahnarztpraxis des Hochhauses. Als die Philippinin auf seine telefonische Bitte hin ans Fenster tritt und nach oben schaut, wirft er ihr vom Helikopter aus Kußhände zu.[22]

Murad ist anfangs von dem ausschweifenden Nachtleben der übrigen etwas erstaunt, zumal er Majid als besonders gläubigen Moslem in Erinnerung hat. Doch in Manila scheint für ihn nicht einmal Zeit zu bleiben, regelmäßig die Moschee aufzusuchen und fünf Mal am Tag zu beten. Nicht viel anders verhält es sich bei Yousef und Khan, dem »Löwen«. Wie Majid haben auch sie sich Freundinnen angelacht, die sie fast jeden Abend ausführen und dabei immer großzügig freihalten. Geld scheint keine Rolle zu spielen. Allein die Tickets für die Operation »Bojinka« würden Tausende von Dollar verschlingen, da nach Yousefs Auskunft zur besseren Absicherung alle Erste Klasse fliegen würden. Wer steckt hinter all dem? Murad wird den Verdacht nicht los, daß ihm etwas verheimlicht wird.

Als er eines Abends mit Yousef allein in der Wohnung ist, fragt Murad ihn auf den Kopf zu, ob sie vom saudischen Millionär Osama Bin Laden finanziert würden, der seit längerem in dem Ruf steht, solche Operationen zu unterstützen. Doch Yousef weicht aus.[23] Murad erfährt lediglich, daß auf ein Konto bei der Hongkong Bank in Manila, das Majid eröffnet hat, regelmäßig Gelder für das Vorhaben eingezahlt werden. Sie kämen von einer Hilfsorganisation. Wie sich später herausstellt, lag Murad mit seiner Vermutung nicht falsch: Die Zuschüsse kommen von einer Filiale der International Islamic Relief Organization (IIRO), die auch die *Abu Sayyaf* finanziert und deren zuständiger Regionaldirektor Mohammed Jamal Khalifa ist, ein Schwager von Osama Bin Laden.[24]

Es ist nicht das einzige, was Yousef seinem Jugendfreund verschweigt. Nach dem früh erlernten Konspirationsprinzip soll jeder nur so viel wissen, wie zur unmittelbaren Ausführung seines Auftrages notwendig ist. So erfährt Murad auch nicht, wer Abdul Majid, über den er sich in den letzten Tagen so sehr gewundert hat, in Wirklichkeit ist. Es handelt sich um Yousefs Onkel, mit richtigem Namen: Khalid Scheich Mohammed. Er hatte seinen Neffen bereits beim Anschlag auf das World Trade Center finanziell unterstützt. Während in ihrer Kooperation Yousef als Techniker und Attentäter für das Grobe zuständig ist, zieht Scheich Mohammed als Stratege diskret im Hintergrund die Fäden. Seinen Haß auf die USA hat er in den Vereinigten Staaten selbst entwickelt.

Khalid Scheich Mohammed wurde am 14. April 1965 als jüngstes von fünf Kindern pakistanischer Eltern in Kuwait geboren. Aufgewachsen ist er mit drei Brüdern und einer Schwester, der späteren Mutter von Yousef, in Fahaheel, einer Ölsiedlung südlich von Kuwait-Stadt an der Schnellstraße nach Saudi-Arabien. Sein Vater, Scheich Mohammed Ali Doustin Baluchi, war dort Prediger in einer Moschee, seine Mutter arbeitete als Leichenwäscherin, im Islam eine äußerst ehrenvolle Tätigkeit. Fahaheel war einst ein verschlafener, historischer Ort am Rande einer Oase mit Palmen und Obstplantagen. Dort hatten früher die Beduinen ihre Zelte aufgeschlagen, bevor sie mit ihren Kamelen die Wüste durchquerten. Aber mit dem Ölboom Ende der 50er Jahre veränderte sich die Gegend. Aus allen Ekken der Erde lockte das schwarze Gold Menschen nach Kuwait. Vor allem Palästinenser, Libanesen, Syrer, Ägypter und Jordanier bestimmten bald das Bild der Oasenstadt, aber auch Techniker aus Amerika und Großbritannien lebten hier.

In wenigen Jahren entstand eine ausgeprägte Zweiklassengesellschaft in Kuwait, denn von den 2,1 Millionen Einwohnern Kuwaits stammte mehr als die Hälfte aus dem Ausland. Doch keiner der Gastarbeiter erhielt eine Staatsbürgerschaft, auch nicht die in Kuwait geborenen Kinder. Jugendliche wie Khalid Scheich Mohammed oder Ramzi Yousef, die formal pakistanische Staatsbürger waren, blieben Außenseiter. Das bekamen sie überall zu spüren, auch in der Schule. Scheich Mohammed schaffte es in Fahaheel auf die High School, die ausschließlich für Jungen vorbehalten war. Die 1200 Schüler dort mußten Uniform tragen, weiße Hemden zu langen, grauen Hosen, und wurden mit dem Bambusstock traktiert, wenn sie sich nicht korrekt verhielten. Der junge Scheich Mohammed versuchte, wenig aufzufallen, und entwickelte ein besonderes Interesse für Naturwissenschaften.

Nach dem erfolgreichen Abschluß ging er 1983 in die USA. Erste Station dort war das Chowan College, eine kleine Baptistenhochschule im Osten von North Carolina, umgeben von Baumwollfarmen und Tabakplantagen. Sie nahm seit dem Ende des 2. Weltkrieges auch ausländische Schüler auf, die häufig über Missionare vermittelt wurden. Die meisten davon stammten aus dem Mittleren Osten.

Die Aufnahmekriterien waren nicht besonders streng. Von den ausländischen Studenten wurde kein Englisch-Examen oder der Nachweis besonderer Sprachkenntnisse verlangt, wie es ansonsten bei Colleges in den USA üblich ist. Dies machte Chowan für Ausländer besonders attraktiv, die hier zumeist zwei Semester belegten, um ihr Englisch aufzubessern, und sich dann an anderen Universitäten bewarben.

Als sich Scheich Mohammed am 10. Januar 1984 in Chowan anmeldete und dabei nicht über die Vermittlung eines Missionars verfügte, berichtete er, daß ihm ein Freund in Kuwait das College empfohlen habe.[25] In seinem Jahrgang kamen insgesamt 50 der 650 männlichen Studenten aus dem Mittleren Osten, davon wiederum mehrere aus Fahaheel. Khalid Scheich, wie er sich hier nennen ließ, entrichtete gleich am Tag der Immatrikulation die komplette Studiengebühr von 2245 Dollar für das Frühjahrssemester. Seinen Kommilitonen erzählte er, daß sein Vater bereits verstorben sei, er aber von seinen älteren Brüdern finanziell unterstützt werde.

Die amerikanischen Studenten sahen auf ihre arabischen Kommilitonen, die noch nicht richtig Englisch sprachen und erkennbar mit der kulturellen Umstellung Probleme hatten, mehrheitlich herab und nannten sie despektierlich »Abbie Dahbies«. Die arabischen Studenten, derart ausgegrenzt, schlossen sich um so enger zusammen und bildeten eine Clique für sich. Sie standen regelmäßig zusammen, beteten gemeinsam und unterhielten sich vorwiegend auf arabisch, so daß die amerikanischen Studenten nicht mitbekamen, was über sie gesprochen wurde. Die Religion war dabei das einende Band.

Scheich Mohammed, der stolz auf seine familiären Ursprünge im pakistanischen Belutschistan war und auch fließend Urdu sprach, konnte sich schnell in die kleine Gemeinde der arabischen Studenten integrieren und fiel als Predigersohn durch seine Glaubenstreue auf. Grundsätzlich weigerte er sich, Kommilitoninnen, Lehrerinnen oder weiblichen Mitarbeitern des College die Hand zu geben, weil Frauen nun mal unrein seien.[26] Und arabischen Kommilitonen machte er heftige Vorwürfe, wenn sie in der Mensa Gerichte mit Schweinefleisch aßen. Besonders verhaßt war ihm, daß sie als Moslems jede Woche an der christlichen Andacht in der Baptistenschule teilnehmen mußten, obwohl dies nun wirklich nicht zu einem Ingenieurstudium gehörte. Der 19jährige fühlte sich in seiner Kultur nicht ernst genommen. Im Ergebnis dessen versuchte die Gruppe, ein größeres eigenes Gewicht auszuprägen, und schloß sich noch enger zusammen.

Probleme bereitete ihnen auch das vergleichsweise freizügige Leben der amerikanischen Kommilitonen. Von ihrem Studentenwohnheim aus, einem Backsteinturm in Parker Hall, konnten die Araber beobachten, wie sich am nahe gelegenen Lake Vann die Liebespärchen trafen und dort in aller Öffentlichkeit Zärtlichkeiten austauschten. Für die meisten Studenten aus dem Nahen und Mittleren Osten war dies ein Tabubruch und der Ausdruck westlicher Dekadenz. Davon grenzten sie sich bewußt ab und schufen ihre eigene Gegenwelt. Sie zogen zusammen in einen größeren Schlafraum und bauten sich dort ein arabisches Refugium auf. Hier verbrachten sie nahezu alle freie Zeit, beteten zusammen, diskutierten und verteilten das Essen untereinander. Der mittelöstlichen Tradition folgend, ließen sie ihre Schuhe im Korridor vor dem Gemeinschaftsraum stehen. Das veranlaßte die amerikanischen Studenten immer mal wieder, die Schuhe zu entwenden und in den See hinter dem Campus zu werfen. Oder sie füllten große Abfallbehälter mit Wasser, die sie außen an der Tür der »Abbie Dahbies« befestigten, dann klopfte jemand an, und sie rannten weg. Wenn einer der arabischen Studenten die Tür öffnete, wurde der Schlafraum regelrecht geflutet.

Scheich Mohammed hielt es hier keine zwei Semester aus und wechselte bereits nach einem halben Jahr nach Greensboro in North Carolina, wo er sich an der Landwirtschaftlichen und Technischen Universität für Ingenieurswesen einschrieb. Hier bildeten schwarze Studenten die größte Gruppe, gefolgt von weißen Amerikanern und Studenten aus dem Mittleren Osten, zumeist aus den erdölfördernden Golfstaaten.

Auch hier blieb jede Gruppe für sich. Die arabischen Studenten hielten sich vorwiegend auf dem Campus auf, wo in einem anonymen Komplex auch die Wohnungen waren.

Selten sah man sie einmal in der Cafeteria oder bei großen Veranstaltungen. Die Araber trafen sich drei-, viermal die Woche, schauten zusammen Fußballspiele im Fernsehen an, tranken Tee und aßen zusammen. Freitags, am heiligen Wochentag der Moslems, kauften sie bei einem Farmer in der Nähe ein Lamm oder eine Ziege und veranstalteten am Abend ein großes Festessen mit 20 oder mehr Beteiligten.

In dieser engen Gemeinschaft gewannen auch konservative Religionsgruppen an Einfluß. Einzelne Appartements wurden zu Behelfsmoscheen umgewandelt, und lange Bärte prägten bald das Bild. Einige versuchten, strikt nach dem Koran zu leben, um so ihre Identität in der Fremde zu wahren. Sie predigten auch die Enthaltsamkeit von Alkohol, Drogen und Frauen. Von den weltlicheren Arabern wurden sie wegen ihres religiösen Eifers »Mullahs« genannt.

Zu eben jenen »Mullahs« gehörte auch Scheich Mohammed, der jedoch eher freundlich auftrat und auch zu den »Ungläubigen« höflich blieb. Im Innersten verachtete er sie allerdings und fühlte sich ihnen moralisch überlegen. Unterstützung erfuhr er dabei von Abd al-Karim Yousef, dem jüngeren Bruder von Ramzi Yousef, der ebenfalls in North Carolina studierte.[27] Die Trennlinie zwischen »Gläubigen« und »Ungläubigen« war zumeist aber auch eine soziale Grenze, denn die weniger Frommen kamen zumeist aus reichen Familien Kuwaits oder der Emirate. Einige fuhren schicke Autos wie Porsche oder Mercedes-Cabrio und liebten das amerikanische Leben. Sie tranken Alkohol, flirteten herum und besuchten Nacht-Clubs.

Als deren Partyleben überhand nahm, fragten die »Mullahs« vieldeutig an, was wohl passieren würde, wenn die Familien zu Hause davon erführen. Angst ging nun um, denn nichts fürchteten die modernen, jungen Araber mehr, als daß ihre Eltern von dem neuen Lebensstil Kenntnis bekämen und die monatlichen Überweisungen ausblieben. Man einigte sich auf gegenseitige Mäßigung.

Die »Mullahs« versuchten fortan, ein Abgleiten der arabischen Studenten in den westlichen Sumpf von vornherein zu unterbinden, indem sie bereits am Anfang der Semester auf dem Flughafen Ausschau nach Neuankömmlingen hielten und diese gleich unter ihre Fittiche nahmen. Damit hatten sie großen Erfolg. Geplagt vom Heimweh und unsicher in der fremden Sprache, waren die Neuankömmlinge oft froh, Unterstützung durch Landsleute zu bekommen, deren religiöser Eifer ihnen meist vertrauter erschien als der fremde Lebensstil ihrer amerikanischen Kommilitonen.

Einmal im Netz der Islamisten, gerieten die jungen Männer in den Bann einer Art Sekte. Den Rest ihres Studiums konnten sie sich dem Einfluß nicht mehr entziehen, sondern wurden immer tiefer in die enge geistige Welt einer schmalen Koran-Interpretation hineingezogen. Nicht selten waren die Eltern entsetzt, als ihre Söhne nach Jahren an westlichen Universitäten mit langem Bart und kruden religiösen Ansichten zurückkamen. Es war grotesk, aber die Radikalisierung fand in den 80er Jahren oft mehr im westlichen Ausland als an den arabischen Hochschulen selbst statt.

Nach insgesamt zweieinhalb Jahren beendete Scheich Mohammed schließlich sein Ingenieurstudium in North Carolina. Am 28. Dezember 1986 erhielt er zusammen mit 27 anderen Kursteilnehmern des Studienfachs Maschinenbau sein Abschlußzeugnis. Er war einer von insgesamt drei Absolventen aus dem Mittleren Osten. Möglichst unauffällig verließ er den Campus von Greensboro, ohne irgendwelche Spuren zu hinterlassen. Sowohl auf dem Gruppenfoto seiner Abschlußklasse wie auch im Jahrbuch der Universität fehlt er. Das war wohlüberlegt.

Sein Ziel war nämlich nicht die Heimatstadt in Kuwait, sondern der bewaffnete Untergrund in Afghanistan. Hierzu reiste er zunächst nach Peschawar, der Hauptstadt der nordwestlichen Provinz Pakistans, direkt an der Grenze zu Afghanistan.

Wie viele tausend andere Moslems folgte er dem Ruf von Abdullah Azzam, der nach dem Einmarsch der Sowjetunion in Afghanistan 1979 Peschawar zum Zentrum des Widerstandes erklärt und von hier aus zum Dschihad aufgerufen hatte. Die pakistanische Industrie- und Universitätsstadt mit etwa einer halben Million Einwohnern war dann im Laufe der Jahre zum Anziehungspunkt für jene Moslems aus aller Welt geworden, die sich entschlossen hatten, gegen die Sowjetunion in den Heiligen Krieg zu ziehen. Peschawar, am Schnittpunkt alter Karawanenstraßen direkt vor dem Khaiber-Paß gelegen, bildete dafür den Ausgangspunkt.

Geistlicher und ideologischer Kopf des Dschihad war unumstritten Abdullah Azzam, der seine akademische Karriere an der Universität von Kairo, wo er einst zusammen mit dem »blinden Scheich« studiert hatte, aufgab, um die religiösen Kräfte gegen den verhaßten Feind zu bündeln. Seine Lehre wurde mit der Zeit immer radikaler. Er erklärte den Dschihad zur heiligen Pflicht für jeden Moslem und verlangte, gegen alles Westlich-Moderne ins Feld zu ziehen. Ziel sei es, für den Islam die alleinige Herrschaft auf Erden wiederzuerlangen. Für alle Kämpfe ließ er nur religiöse Motive gelten, weshalb er auch den palästinensischen Widerstand aufs heftigste kritisierte, da dieser lediglich politisch begründet sei.

Finanzielle Unterstützung erhielten Azzam und seine Mudschaheddin vor allem aus Saudi-Arabien. Die nationale Fluggesellschaft des Ölstaates offerierte spezielle Dschihad-Flugpreise nach Peschawar, so daß sich die Stadt allmählich in eine pulsierende arabische Exklave verwandelte, mit arabischen Restaurants, Basaren und Bäckereien sowie eigenen Zeitungen. Männer in langen Kaftanen und verschleierte Frauen, ganz in Schwarz gehüllt, bestimmten ab Mitte der 80er Jahre das Straßenbild.

Zu dieser Zeit schuf der zugereiste schmächtige Ex-Student Osama Bin Laden, Sproß einer reichen saudischen Bauunternehmerdynastie, das »Haus der Prophetengefährten«, das bald zur wichtigsten Anlaufstelle für die Rekruten des Dschihad wurde. Osama Bin Laden stieg binnen kurzer Zeit zur rechten Hand von Azzam auf, der seine intellektuelle Leidenschaft mit den wirtschaftlichen Möglichkeiten des Millionärssohnes geschickt zu kombinieren wußte. Die beiden schlagkräftig agierenden Strategen des Heiligen Krieges erhielten Rückendeckung aus allen Teilen der Welt. Saudi-Arabien schickte Millionen von Dollars, die USA lieferten Waffen und Logistik, der pakistanische Geheimdienst ISI sorgte für die entsprechende Absicherung.

Allmählich entstand ein ganzes Netz von Unterstützerbüros, die zumeist als Wohltätigkeitsorganisationen getarnt waren. Ende der 80er Jahre gab es in Peschawar über 150 derartiger »Entwicklungsdienste« neben zahlreichen engagierten Flüchtlingshilfen, die versuchten, den Fliehenden aus dem benachbarten Kriegsgebiet erste Unterstützung zu geben. Während Afghanistan zu Beginn der sowjetischen Invasion 1979 noch 15 Millionen Einwohner hatte, waren es ein Jahrzehnt später weniger als 10 Millionen. Neben einer Million Kriegstoten gab es über 5 Millionen Flüchtlinge.

Für Khalid Scheich Mohammed lag es nahe, sich nach dem Studium in Peschawar niederzulassen, denn hier lebten bereits zwei seiner Brüder. Der Älteste, Scheich Zahed (»der Fromme«), war Geschäftsführer der kuwaitischen Hilfsorganisation *Lajnat al Dawa al Islamia*, Komitee des islamischen Aufrufs. Die Organisation verfügte über eines der größten Büros in der Stadt und hatte zu dieser Zeit über 1000 Mitarbeiter in Pakistan. Sie verteilte jährlich Spendengelder in Höhe von vier Millionen Dollar.

Zahed war daher eine gefragte und geachtete Persönlichkeit. Jeder afghanische Kriegsherr oder pakistanische Politiker, der in die Stadt kam, schaute auch bei Zahed vorbei. Dazu gehörte Osama Bin Laden, der hin und wieder samt Frau und Kindern im eigenen Flugzeug nach Peschawar kam, genauso wie Ayman Zawahiri, einer der Gründer des Islamischen Dschihad.

Neben Zahed lebte auch Bruder Abed (»der Verehrer«) noch hier, der seinen Lehrerberuf in Katar ebenfalls für den Dschihad aufgegeben hatte, so daß Scheich Mohammed gut aufgenommen wurde und sich auch gleich in den Dienst seiner beiden älteren Brüder begab. An den Wochenenden arbeitete er in einem der vielen Flüchtlingslager, während der Woche unterrichtete er Maschinenbau an der eigens eingerichteten Universität Dawa al-Dschihad (Sammlung der Kämpfer für den Krieg).

Gründer und Leiter dieser Universität war der Paschtunen-Kriegsherr Abdul Rasul Sayyaf, nach dem sich später die philippinische Rebellenorganisation benennen sollte. Sayyaf hatte während des Afghanistankrieges eng mit Osama Bin Laden zusammengearbeitet, der ihn auch weiterhin finanziell unterstützte. In der Zeit des Krieges waren auch erhebliche Mittel aus den USA gekommen, die ausreichten, nicht nur die Mudschaheddin zu finanzieren, sondern auch noch eine Zeitung zu unterhalten und die Universität aufzubauen. Dort studierten anfangs über 1000 junge Männer vorzugsweise Ingenieurswesen und Medizintechnik, aber auch Religion und Literatur. Die besten Absolventen dieser Universität hatten dann Aufstiegschancen in den Organisationen von Sayyaf und Bin Laden, denn das Technikstudium war höchst praxisorientiert. Statt allgemeinen Maschinenbaus etwa lernten die jungen Studenten die Konstruktionsprinzipien von Sprengkörpern und Geschoßwerfern sowie die Funktionsweise unterschiedlicher Minen. Die praktischen Feinheiten wurden dann in den Ausbildungslagern von Sayyaf vermittelt.

Das geistige Zentrum des Dschihad bildete in Peschawar die Moschee in der Arbat-Straße, wohin Azzam, Bin Laden und die anderen Anführer der Mudschaheddin zum Gebet gingen. Hier war auch der Treffpunkt des Familienclans um Scheich Zahed, der in der Nähe sein Büro hatte.

Die praktische Anlaufstelle der Gotteskrieger bildete ergänzend dazu das »Haus der Prophetengefährten«. Hier ließ Gründer und Finanzier Osama Bin Laden alle freiwilligen Kämpfer zentral erfassen und registrieren, wofür ein »Verzeichnis der kämpfenden arabischen Brüder« entstand. In diesem Register wurden die Lebensläufe und die militärische Ausbildung der Dschihad-Teilnehmer erfaßt. Alle hier verzeichneten Kämpfer gehörten zu Bin Ladens Freiwilligenarmee, intern als »Basisregister« bezeichnet. In der Umgangssprache wurde daraus knapp »Die Basis«, arabisch *Al Qaida*. Aus ihr sollte sich in wenigen Jahren die wohl gefährlichste Terrororganisation entwickeln, die es je gegeben hat.

Mit dem Sieg der Mudschaheddin über die Sowjets und deren Abzug aus Afghanistan im Februar 1989 veränderte sich das politische Klima in Peschawar schlagartig. Die meisten Kämpfer kehrten entweder nach Afghanistan oder in ihre Heimatländer zurück. Nach dem Verschwinden des gemeinsamen Feindes begannen nun die Kämpfe untereinander um die richtige Linie und den Einfluß auf Gebiete, Ressourcen und Organisationen. Da die Heiligen Krieger bestens im Terrorhandwerk geübt waren, wurden die Rivalitäten auch entsprechend ausgetragen. In Afghanistan selbst bekämpften sich regionale Kriegsherren in offenen Feldschlachten, in Peschawar kam es zu einer Reihe von Attentaten. Selbst Abdullah Azzam, der eigentliche Vater des Dschihad, wurde Opfer eines Terroranschlages. Am 24. November 1989, als er gerade mit seinen beiden Söhnen auf dem Weg zum Freitagsgebet war, explodierte direkt vor dem Eingang der Saba-i-Lail-Moschee eine Autobombe. Azzam und seine Söhne waren sofort tot. Osama Bin Laden, einst Zögling und engster Mitarbeiter von Azzam, war nun der alleinige Anführer von *Al Qaida*. Bald kam das Gerücht auf, daß Bin Laden selbst hinter dem tödlichen Anschlag auf seinen Mentor Azzam stecken würde, was er jedoch zu zerstreuen versuchte. Als nächstes fiel Abed,

Al-Qaida-Chef Osama Bin Laden (links) und sein Stellvertreter, der Ägypter Ayman al-Zawahiri.

einer der Brüder von Scheich Mohammed, einem Anschlag zum Opfer.

Aber nicht nur untereinander spitzte sich die Situation zu. Auch das Verhältnis zu den USA veränderte sich radikal. Washington stellte nach dem Abzug der Sowjettruppen seine Unterstützung für die Mudschaheddin abrupt ein und favorisierte fortan eine breite Übergangsregierung unter UNO-Kontrolle statt einer rein islamischen Führung. Die Heiligen Krieger fühlten sich verraten und mißbraucht, waren sie doch bisher stets in ihren politischen Zielen von der CIA bestärkt worden. Einmal mehr bestätigte sich das Vorurteil, den westlichen Staaten sei nicht zu trauen.

Osama Bin Laden lebte inzwischen wieder in Saudi-Arabien, wo er zunächst wie ein Held gefeiert wurde. Doch als das saudische Königshaus auf Drängen der USA ebenfalls seine finanzielle und logistische Hilfe für die Mudschaheddin in und um Afghanistan stoppte, kam es zum Eklat. Für Bin Laden war der Kampf noch längst nicht zu Ende. Mit flammenden Reden versuchte er den König und dessen Ratgeber für die weltweite Sache seiner Waffenbrüder zu begeistern. Ihre Organisationen sollten erhalten bleiben, um auch in anderen Ländern für die Sache des Islam streiten zu können.[28] Aber die saudische Führung setzte andere Prioritäten.

Osama Bin Laden, der seit Beginn des Krieges 1979 in Afghanistan gekämpft und sich eine schlagkräftige Basis geschaffen hatte, fühlte sich verraten. Er hatte das Gefühl, zehn Jahre seines Lebens vergeudet zu haben, und begehrte erstmals gegen das saudische Königshaus auf, dessen Bauaufträge seinem Familienclan einst ein Milliardenvermögen beschert hatten.

Die Spannungen verschärften sich noch, als im August 1990 Saddam Hussein Kuwait überfiel. Osama Bin Laden bot dem saudischen Königshaus an, eine Truppe aus 30000 freiwilligen Mudschaheddin zur Befreiung des Nachbarlandes aufzustellen, da ein solcher Konflikt innerarabisch gelöst werden müsse. Das Königshaus lehnte jedoch ab und holte statt dessen die gut zahlende militärische Allianz unter Führung der USA ins Land. Die Tatsache, daß nichtmuslimische Truppen auf der arabischen Halbinsel, dem Ort der Offenbarung und ersten Ausbreitung des Korans, stationiert wurden, erzürnte Bin Laden bis aufs Äußerste, hatte er doch gerade seine Erfahrungen mit den westlichen Militärstrategen gemacht. Er sprach dem Herrscherhaus jetzt sogar die Legitimität ab.

Nach dem Ende des Golf-Krieges, der den amerikanischen Einfluß auf Saudi-Arabien noch verstärkte, setzte sich Osama Bin Laden dann an die Spitze der anti-amerikanischen Bewegung innerhalb der Mudschaheddin und schürte den aufkommenden Haß gegen die USA. 1991 verließ er seine Heimat und ging in den Sudan, wo zwei Jahre zuvor ein proislamischer Kommandorat an die Macht gekommen war und sich nun anschickte, mit aller Gewalt einen islamischen Staat zu errichten.

Hier sah er die Möglichkeit, den Kampf des Dschihad in eigener Verantwortung fortzuführen und womöglich sogar ein eigenes Kalifat zu errichten. Um dafür die Voraussetzungen zu schaffen, baute er in der sudanesischen Hauptstadt Khartum zunächst ein Wirtschaftsimperium auf. Er investierte in Banken und den Straßenbau, kaufte Landwirtschaftsbetriebe und Handelshäuser. Zu seinem Firmengeflecht im Sudan gehörten bald Taba Investment Ltd., Al Hijra Construction, Blessed Fruits und die Außenhandelsfirma Ladin International Company. Es folgten das Lebensmittelunternehmen Frima al-Ichlas, das Süßigkeiten und Honig produzierte, die Spedition al-Qudrat, die Lederfabrik Tannery sowie ein Möbelkonzern. Osama Bin Laden wurde binnen kurzer Zeit zum wichtigsten Investor in dem ansonsten so bitterarmen Sudan und beschäftigte mehrere tausend Angestellte.

Mit den Gewinnen aus diesem Firmenimperium konnte er nun sein eigentliches Ziel verfolgen. Gemeinsam mit 400 Afghanistan-Veteranen, die er inzwischen ins Land geholt hatte, ging er daran, neue Trainingslager zu errichten, in denen weitere Krieger für den Dschihad ausgebildet wurden. Bin Laden unterhielt eine regelrechte Privatarmee mit den vertrauenswürdigsten Kämpfern aus seinem früheren Basisregister, weshalb sie auch weiterhin den Namen *Al Qaida* führte. Die Mitstreiter erhielten Monatsgehälter zwischen 500 und 1200 Dollar,[29] was für die Verhältnisse im Sudan eine enorme Summe war. Von diesen Bedingungen angelockt, kamen die Söldner des Dschihad in Scharen. 1992 zählte *Al Qaida* bereits knapp zweitausend Mitglieder. Im muslimischen Norden des Sudan entstanden zahlreiche Militärlager und neue Ausbildungscamps.

Hier machten sich Kriegsveteranen daran, ihre Erfahrungen aus Afghanistan für die nachfolgende Kämpfergeneration zusammenzutragen, und verfaßten die »Enzyklopädie des afghanischen Dschihad«.[30] Dieses Handbuch für Terroristen wuchs in der Folgezeit zu einem mehrbändigen Werk mit

Tausenden von Seiten an. Allein 800 Seiten waren der Waffenkunde vorbehalten, auf denen man unter anderem erfahren konnte, wie amerikanische Stinger-Raketen zu handhaben sind. Auf 250 Seiten wurde die Planung und Abwicklung terroristischer Angriffe erklärt. Die Bände erhielten jeweils eine Widmung für die Teilnehmer des Heiligen Krieges, namentlich erwähnt wurden jedoch nur die Gründungsväter der *Al Qaida* Azzam und Bin Laden, wobei der letztere besonders gepriesen wurde, da er »bis zum heutigen Tag nicht davon abgelassen hat, den Dschihad zu führen und zum Dschihad anzuspornen.«[31] Mitte der 90er Jahre konnte man diese opulente »Enzyklopädie« dann auch als CD-ROM-Version erhalten, auf den Basaren in Pakistan wurde sie zu einem heimlichen Bestseller.

Osama Bin Laden und seine Gefolgsleute beließen es nicht bei der Theorie. Für die zahlreichen Rekruten, die in der Kunst des Tötens ausgebildet wurden, galt es neue Waffen zu beschaffen, mit denen dann der Praxiseinsatz geprobt werden sollte. Zu diesem Zweck erwarb *Al Qaida* für 210000 Dollar über einen Strohmann in Tucson, im US-Bundesstaat Arizona, ein gebrauchtes Transportflugzeug, das anschließend nach Khartum überführt wurde. Damit wurden aus Pakistan tragbare Stinger-Luftabwehrraketen geholt, wovon über 200 Stück nach Ende des Afghanistan-Krieges noch in einem Depot versteckt worden waren.[32] Aber man plante auch noch Größeres. *Al Qaida* nahm über sein Gründungsmitglied Jamal al-Fadl Kontakt zur sudanesischen Armee auf und versuchte, über diese an Massenvernichtungswaffen heranzukommen. Zunächst ging es um chemische Kampfstoffe.[33] Al-Fadl zeigte jedoch bald auch Interesse am Erwerb von Uran, weshalb für ihn eine Verbindung zu einem Geschäftsmann hergestellt wurde. Dieser bot nach einigem Hin und Her schließlich für 1,5 Millionen Dollar einen Zylinder mit angeblichem hochradioaktivem Material an. Es gab jedoch keine Möglichkeit, die Echtheit des Materials zu prüfen. Jamal al-Fadl stieg aus dem Geschäft wieder aus und bot sich wenig später den US-Behörden als Kronzeuge gegen Osama Bin Laden an.[34]

Neben der Erweiterung der eigenen Basis im Sudan kümmerte sich Bin Laden gleichzeitig um den Aufbau eines weltweiten Netzwerkes kampfgewillter islamistischer Gruppen, weshalb er gezielt Verbindungen zu anderen Terrororganisationen aufnahm. Frühere religiöse Differenzen wurden dabei zurückgestellt.[35] Er traf sich mit Führern militanter Gruppierungen aus Pakistan und Tunesien, mit der *Groupe Islamique Armée* (GIA) in Algerien sowie Vertretern der palästinensischen *Hamas*. Gleichzeitig versuchte er, ein Bündnis mit der schiitischen *Hisbollah* im Südlibanon zu schmieden, die vom Iran unterstützt wurde, obwohl er selbst einen konservativen sunnitischen Islam vertrat. Der Brückenschlag gelang. Wenig später wurden Mitglieder der *Al Qaida* von Kämpfern der *Hisbollah* im Libanon darin ausgebildet, auf große Gebäude Bombenanschläge zu verüben.[36]

Hinzu kamen Bündnisse mit der Gruppe *Islamischer Dschihad* in Ägypten, der jemenitischen *as-Saif al Islami al Dschanubi* und der syrischen Organisation *Dschama' at ul-Dschihad as-Suri*.[37] Es funktionierte immer nach dem gleichen Muster: Osama Bin Laden stellte Geld und Ausbildungsstätten zur Verfügung, damit die Terrorgruppen anschließend in eigener Verantwortung für das gemeinsame Ziel agieren konnten. *Al Qaida* wurde mehr und mehr zu einer Art Terror-Holding, die als Dachorganisation jene Gruppen anleitete, die aus einem falsch verstandenen Islam heraus den verderbten Westen bekämpfen und die Weltherrschaft ihrer Religion errichten wollten.

In den frühen 90er Jahren expandierte *Al Qaida* vom Sudan aus regelrecht. In Aserbaidschan wurde ein Zweigbüro eröffnet, von wo aus Dschihadis in den Heiligen Krieg nach Tschetschenien und Tadschikistan zogen. Mitglieder mehrerer philippinischer Rebellengruppen wurden systematisch ausgebildet, und Terrororganisationen im Jemen und Eritrea versorgte man mit Geld und Waffen.[38] Der Aktionskreis erstreckte sich bis nach Europa, wo während des dritten Jugoslawien-Krieges Hunderte Mudschaheddin auf der Seite der muslimischen Bosnier kämpften.

Aber innerhalb der *Al Qaida* kam es in diesen Jahren auch immer wieder zu Streitereien. Es ging um Geld und Einfluß, aber vor allem auch um die Ziele der nächsten Aktionen. Als Reaktion auf die Verhaftung des »blinden Scheichs« Omar Abdel Rahman in New York wollten Mitglieder der Organisation unverzüglich einen Anschlag auf die US-amerikanische Botschaft in Saudi-Arabien verüben. Doch andere in der Führungsgruppe waren dagegen, da dies zu viele zivile Opfer[39] mit sich bringen könnte und man sich Saudi-Arabien auch nicht als Rückzugsbasis verbauen wollte. Man beschloß, vorrangig militärische Ziele ins Visier zu nehmen.

Mohammed Atef, der Militärchef Bin Ladens, fuhr deshalb 1993 mehrfach nach Somalia, um dort die Lage der 28000 US-Soldaten zu erkunden, die US-Präsident George Bush Anfang Dezember 1992 im Rahmen einer UN-Mission zur Bekämpfung des Hungers dorthin entsandt hatte. In den Augen von Osama Bin Laden war dies ein weiterer Schritt der Vereinigten Staaten, sich Teile der muslimischen Welt einzuverleiben. Er erteilte daher die Weisung, die amerikanischen Soldaten in jedem Land der Region zu attackieren. Bereits Ende Dezember 1992 war im Jemen eine Bombe hochgegangen, die das Hotel verwüsten sollte, in dem US-Militärs untergebracht waren. Doch dem Anschlag fiel lediglich ein australischer Tourist zum Opfer, kein einziger Amerikaner wurde ernstlich verletzt. Das sollte im zweiten Anlauf nicht wieder passieren, weshalb die Aktion in Somalia besser vorbereitet wurde.

Den Amerikanern lief hier die Friedensmission allmählich aus dem Ruder. Sie fanden sich in den vielfältigen Stammesauseinandersetzungen nicht zurecht, da ein klares Freund-Feind-Muster nicht existierte und sie sich in unentwirrbare

Konflikte verwickelten. Es kam zu wechselnden Frontverläufen und zahlreichen Rebellionen, wobei auch die Hauptstadt Mogadischu verwüstet wurde, so daß sich die Hungersnot noch verschlimmerte. Nach dem eintreffenden Bericht von Atef beschloß Osama Bin Laden daraufhin, die gerade rebellierenden Volksgruppen zu unterstützen. Atef sorgte im Sommer 1993 für die entsprechende militärische Ausbildung und technische Unterstützung. Zudem kamen Artillerie-Spezialisten der *Al Qaida* nach Somalia.[40]

Am 4. Oktober 1993 fand in Mogadischu eine schwere Schlacht zwischen den aufgerüsteten Somalis und den US-Truppen statt. Mit russischen, steuerbaren Geschoßwerfern aus dem Erbe des Afghanistankrieges wurden drei amerikanische Black-Hawk-Hubschrauber abgeschossen. Bei den Gefechten starben 18 amerikanische Soldaten. Die Lage im Land wurde immer undurchschaubarer. Der Versuch zur Bildung einer stammesübergreifenden Übergangsregierung scheiterte. Wenige Wochen darauf entschieden sich die Vereinigten Staaten, ihre Truppen aus Somalia zurückzuziehen. Bis zum Frühjahr 1994 folgten auch die Truppen der übrigen beteiligten westlichen Staaten, darunter Deutschland.

Osama Bin Laden verbuchte dies als erste gewonnene Schlacht im Heiligen Krieg gegen das verhaßte Amerika: »Den Berichten, die wir von unseren Brüdern erhielten, die am Dschihad in Somalia teilgenommen haben, konnten wir entnehmen, daß sie die Schwäche, Zerbrechlichkeit und Feigheit amerikanischer Soldaten gesehen haben. Es wurden nur achtzehn amerikanische Soldaten getötet. Dennoch flohen sie ins Herz der Dunkelheit, entmutigt, nachdem sie zuvor so einen großen Tumult um die Neue Weltordnung gemacht hatten.«[41]

Ramzi Yousef und Scheich Mohammed erfahren mit Genugtuung von den 18 getöteten Amerikanern, doch wollen sie den verhaßten Vereinigten Staaten einen viel schmerzhafteren Schlag versetzen. Bei der Operation »Bojinka« rechnen sie –

abhängig von der Auslastung der einzelnen Flüge – mit mehreren hundert getöteten US-Bürgern. Insgesamt könnten sogar bis zu zweitausend Opfer zu verzeichnen sein, wenn alle elf Verkehrsmaschinen wie vorgesehen über dem Pazifik explodieren.

Yousef will auch, daß die Welt erfährt, wer hinter diesem Fanal steckt. In seinem Appartement in Manila schreibt er in den kleinen Toshiba-Computer einen entsprechenden Bekennerbrief. »Wir sind die Unterstützer des Fünften Bataillons der Befreiungsarmee«,[42] beginnt er, um gleich zum Auftakt klarzustellen, wer die Anschläge zu verantworten hat. Denn unter dieser Kennung hatte sich der inzwischen meistgesuchte Terrorist der Welt bereits zu dem Anschlag auf das World Trade Center bekannt.

Die weitere Argumentation knüpft an die früheren Thesen an, geht aber erstmals auch über den Hauptfeind USA hinaus. »Wir werden in naher Zukunft alle US-Einrichtungen angreifen, die von der US-Regierung dazu benutzt werden, den jüdischen Staat militärisch und finanziell zu unterstützen. Dies beinhaltet auch die politische Unterstützung des jüdischen Staates innerhalb des besetzten Palästinas«, heißt es in dem Entwurf des Bekennerschreibens. Yousef fordert die unverzügliche Freilassung seiner »palästinensischen Brüder« aus den Gefängnissen Israels. Falls die USA ihre Unterstützung für Israel nicht umgehend einstellten, würden weitere »Terroroperationen« folgen. »Der nächste Anschlag wird dann innerhalb der Vereinigten Staaten stattfinden, und zwar werden wir nukleare Ziele angreifen.«

Damit nicht genug. »Wir werden nun auch britische und französische Ziele angreifen, weil diese Regierungen es ablehnen, die bosnische Regierung mit Waffen zu unterstützen, und statt dessen dem serbischen Regime für dessen Kampf gegen Moslems heimlich Waffen zukommen lassen. Ebenso werden wir schwedische Ziele angreifen, weil die Regierung dort eine politische Bewegung unterstützt, die gegen den

Islam und unseren Propheten ist. Schweden ist unser Feind, wie jeder andere auch, der den Islam ablehnt und gegen Moslems und gegen die islamische Religion ist.« Der politische Forderungskatalog ist damit um einen religiösen erweitert worden.

Bevor das Bekennerschreiben verschickt werden kann, muß Yousef noch viele Details klären, die zur Ausführung der Anschläge notwendig sind. Es gilt weitere Chemikalien für die Bomben zu beschaffen und die entsprechenden Tickets zu buchen. Da dies aus Sicherheitsgründen unter anderen Namen geschehen muß, macht sich Yousef als erstes daran, falsche Ausweispapiere zu erstellen. Schließlich hat das FBI sein Foto auf Tausende von Fahndungsplakaten drucken und über die Botschaften in der ganzen Welt verteilen lassen. Die meisten Zeitungen und Fernsehanstalten haben inzwischen sein Konterfei veröffentlicht. Allein für sich selbst fertigt Yousef daher über ein Dutzend solcher Dokumente. Das stellt sich jedoch als ziemlich aufwendige Prozedur heraus, da Yousef für jedes Ausweisfoto sein Äußeres verändern muß, was angesichts seiner wulstigen Lippen und kräftig abstehenden Ohren nicht ganz einfach ist. Zu deutlich treten die Merkmale immer wieder hervor.

Einen der Ausweise benutzt Yousef ausschließlich, um in Fachhandlungen von Manila Chemikalien einzukaufen. Dabei firmiert er stets als Dr. Adel Sabah, Chemical specialist, Angestellter einer International Trading Corp. in 93 Sloane Garden in London WC4N 2BW. Da Yousef in Manila keine Telefonbücher aus London zur Verfügung hat, erfindet er die Adresse einfach frei. Zwar gibt es eine Straße namens Sloane Garden, doch endet diese mit der Nummer 59. Beim Ausstellungsdatum des Passes beweist Yousef makabren Humor. Er trägt den 26. Februar 1993 ein – den Tag seines Anschlages auf das World Trade Center.[43]

Unter einem völlig anderen Namen und anderer Nationalität mietet Yousef anschließend ein abgelegenes Strandhaus in der Nähe von Manila, wo er junge Militante, vermutlich Anhänger der *Abu Sayyaf*, unterbringt und darauf vorbereitet, als Selbstmordattentäter den Papst zu liquidieren.[44] Er sieht darin mittlerweile die einzige Möglichkeit, erfolgreich ein Attentat auf das katholische Oberhaupt zu verüben, da die Sicherheitsvorkehrungen derart streng sind, daß er das frühere Konzept mit heimlich abgelegten Rohrbomben verwerfen mußte.

Zwischenzeitlich hatte er sogar mit dem Gedanken gespielt, ein kleines Flugzeug zu chartern und dies mit einem Kamikazepiloten auf das Papamobil stürzen zu lassen, doch dafür wäre nur sein Jugendfreund Murad in Frage gekommen, der über eine gültige Pilotenlizenz verfügte, und den wollte er nicht opfern, da er mit ihm noch Größeres vorhatte. Schließlich gab es ja noch den Plan, das CIA-Hauptquartier auf diese Weise attackieren.

Yousef nimmt sich Zeit, um die potentiellen Selbstmordattentäter auf ihre Aufgabe vorzubereiten. Sie müssen nicht nur mental entsprechend eingestimmt werden, sondern benötigen auch eine praktische Einweisung. Schließlich soll sich der am Ende Auserwählte nicht dadurch verraten, daß er nervös agiert und Aufmerksamkeit auf sich zieht oder zu früh den Auslöser der Bombe betätigt, wenn er noch zu weit vom Papst weg ist. Aber die jungen Rekruten zeigen sich sehr anstellig und sind auch fest entschlossen, bis zur eigenen Selbstaufgabe für die Errichtung eines muslimischen Gottesstaates zu kämpfen, wozu die Beseitigung der ärgsten Gegner ebenfalls gehört. Die Vorstellung, einmal als Märtyrer ins Paradies einzutreten und dort von 70 Jungfrauen erwartet zu werden, läßt sie offensichtlich ohne jede Angst agieren.

Yousef stattet die Selbstmordkandidaten mit Priesterkleidung, Kruzifixen, Bibeln und Papstfotos aus, auf daß sie günstige Plätze bei der Prozession bekommen und einer im entscheidenden Moment aus der Menge heraustreten und auf den Papst zustürzen kann.

Am Jahresende 1994, zwei Wochen vor Eintreffen des Papstes, sind dann alle Vorbereitungen abgeschlossen, so daß sich die vier Mitglieder der Gruppe zum Neujahrsfest noch einmal privat etwas entspannen können. Murad und Khan fliegen nach Pakistan zu ihren Familien, Yousef und sein Onkel Scheich Mohammed fahren am 31. Dezember nach Puerto Galera, um ein paar Tage am Meer zu verbringen und einen Tauchkurs zu belegen. Nach dem 3. Januar 1995 treffen sich alle wieder in Manila.[45] Khan bringt auftragsgemäß Digitaluhren der Marke Casio mit, die er beim Zwischenstopp in einem Discountladen auf dem Flugplatz in Singapur gekauft hat. Yousef kann sich jetzt daran machen, alle Bomben zusammenzusetzen und die Zünder vorzubereiten, denn bereits eine Woche nach dem Papstattentat soll die Operation »Bojinka« starten.

Am 6. Januar 1995 hantiert Yousef im »Doña-Josefa-Appartement« mit seinen Chemikalien, wobei er Murad zugleich einweisen will. Um die grundsätzliche Funktionsweise von Sprengstoffen zu erläutern, mischt er in einer kleinen Schale Kaliumchlorat und Natriumchlorat als Oxydationsmittel mit einem Brennstoff[46] und entzündet das Gemisch. Doch statt der erwarteten kurzen Stichflamme entwickelt die kleine Menge derart viel Rauch, daß das ganze Zimmer plötzlich schwarz verqualmt ist. Sofort reißt Murad das Fenster auf, aber es hilft nichts mehr, der Feuermelder ist bereits angesprungen, und mit ohrenbetäubendem Lärm jault die Alarmanlage durch alle Etagen. Der Sicherheitschef eilt herbei und hämmert an die Zimmertür. Als Yousef öffnet, versucht er ihn zu beruhigen: »Keine Sorge, das war nur ein Feuerwerkskörper. Wir feiern etwas verspätet Neujahr.«[47] Doch der beißende Geruch macht ihn stutzig. An der Rezeption zurück, alarmiert er die Feuerwehr. Yousef und Murad ahnen, daß ihre Ausrede nicht besonders überzeugend war, und verlassen überstürzt das »Doña Josefa«.

Als die Feuerwehr eintrifft, hat sich der Qualm zwar weitgehend verzogen, aber die Profis erkennen sehr schnell, daß es sich hier nicht um einen fehlgezündeten Knallkörper oder einen gewöhnlichen Zimmerbrand handelt, sondern um ein Chemielabor mit gefährlichen Substanzen. Im Zimmer liegen Trichter, Zentrifugen und Fachbücher, in der Küchennische finden sich Benzinkanister und Chemikalienbehälter. Die Feuerwehrleute holen die Polizei hinzu. Die Beamten begreifen sofort, womit sie es hier zu tun haben, nämlich mit einer Terrorwerkstatt. Eine Rohrbombe ist bereits fertiggestellt. Die herumliegenden Priesterroben und Papst-Fotos lassen sie auch erahnen, auf wen die Mieter dieses Hotelzimmers es abgesehen hatten. Auf einem Stadtplan ist sogar die Route für das Papamobil am 12. Januar eingezeichnet.

Nachdem sich Yousef und Murad ein paar Straßen weiter zum Verschnaufen niedergesetzt haben, wird ihnen bewußt, daß sie in der Hektik einen katastrophalen Fehler begangen haben: Das Toshiba-Notebook ist zurückgeblieben. Darin sind aber alle ihre Pläne enthalten, und zwar ohne jede große Verschlüsselung. Wenn sie ihre mühsam vorbereitete Mission nicht gefährden und andere nicht direkt auf ihre Spuren bringen wollen, müssen sie zurück und versuchen, den Computer zu retten, es bleibt ihnen nichts anderes übrig.

Als sie jedoch vor dem Appartementgebäude Polizeiwagen sehen, begreift Yousef sofort, daß für ihn das Risiko zu groß ist, denn sein Fahndungsfoto ist mittlerweile so bekannt wie das von Carlos, dem Schakal. Yousef überredet Murad, allein in das Hotel zu gehen, um möglichst unbemerkt noch einmal in das Zimmer zu kommen.

In einiger Entfernung läuft Yousef nervös die Straße auf und ab. Als Murad jedoch weder nach einer Viertel- noch nach einer halben Stunde zurückkommt, ahnt Yousef, daß sein Jugendfreund verhaftet worden ist. Nun gilt es zu retten, was noch zu retten ist, und keine Zeit mehr zu verlieren. Selbst wenn Murad schweigt, würde der Computer ihn und seinen Onkel verraten. In dem Notebook finden sich nicht nur ihre geplanten Anschläge, sondern auch die Namen und Telefonnummern ihrer Freundinnen und Kontaktpersonen in Manila. Es ist vermutlich nur eine Frage von Tagen, vielleicht sogar Stunden, bis die Polizei ihm und seinem Onkel auf der Spur sind. Er muß sofort Khalid Scheich Mohammed warnen und mit ihm das Land verlassen.

Im Krieg gegen die »Kreuzzügler«

Die Verhaftung der ersten Attentäter (1996) – Ausbau von Al Qaida *in Afghanistan – Bombenanschläge auf US-Einrichtungen in Saudi-Arabien, Kenia und Tansania (1998)*

Der verhaftete Murad wird in die Zentrale der National Philippine Police gebracht und dort intensiv verhört. Obwohl die Beamten ihn nicht gerade mit Samthandschuhen anfassen, ist aus dem 26jährigen Pakistani kein Wort herauszubekommen. Er schweigt auch dann noch, als man ihn mit den erdrückenden Indizien konfrontiert: den Bombenbauteilen, den Priestergewändern und dem Stadtplan mit der eingezeichneten Papst-Route. Murads Verhalten ändert sich auch nicht, als man ihm tags darauf mitteilt, daß die IT-Spezialisten der Polizei erfolgreich dabei seien, die Computer-Aufzeichnungen zur Operation »Bojinka« zu entschlüsseln, und ihn die härteste Strafe erwarte, wenn er nicht kooperiere. Selbst als die geplanten Selbstmordanschläge mit entführten Verkehrsflugzeugen zum Vorschein kommen und man ankündigt, FBI-Beamte hinzuzuziehen, schweigt Murad beharrlich. Erst als die philippinischen Vernehmer drohen, Murad an den Mossad zu übergeben, denn der israelische Geheimdienst hätte bisher noch jeden zum Reden gebracht, bekommt er es mit der Angst zu tun. Dem militanten Moslem ist klar, was dies bedeuten würde. Er zieht es vor, auf den Philippinen in Haft zu gehen, da gibt es womöglich noch mal die Gelegenheit zu einem Ausbruch oder einem dollarschweren Deal, was in Israel oder den USA nicht zu erwarten ist. Er richtet sich auf und beginnt geradezu feierlich zu sprechen: »Amerikaner umzubringen ist einfach das beste. Ich liebe es. Du kannst sie mit Gas umbringen. Du kannst sie mit einem Gewehr umbringen. Du kannst sie mit einem Messer umbringen. Du kannst sie mit Sprengstoff umbringen. Es gibt viele Möglichkeiten.«[1]

Die Vernehmungsbeamten wollen von Murad wissen, warum er die Vereinigten Staaten so sehr haßt. Neben anderen Vorhaltungen gegen die Ungläubigen führt er die Situation in Palästina an: »Da können Sie jeden fragen, selbst ein kleines Kind, jeder wird Ihnen erklären, daß die USA Israel unterstützen – und Israel ermordet unsere muslimischen Brüder in Palästina.«[2]

Die Ermittler wollen aber nicht nur große weltpolitische Erklärungen hören, sondern auch konkrete Angaben zu den geplanten Anschlägen und zu den Komplizen oder Hintermännern. Doch zu hören bekommen sie nur kryptische Decknamen, mit denen sie nichts anzufangen wissen. In den Fahndungscomputern gibt es beispielsweise keinen »Majid«. Sie entschließen sich, ihre amerikanischen Kollegen vom FBI einzuschalten. Die Spezialisten von der US-Bundespolizei kommen nach Manila geflogen. Unter den Dateien auf dem Laptop finden sie ein Bekennerschreiben des »Fünften Bataillons der Befreiungsarmee«, eben jener obskuren Organisation, die sich bereits zum Anschlag auf das World Trade Center bekannt hatte. Außerdem gelingt es ihnen, auf dem Gehäuse des Notebook Fingerabdrücke sicherzustellen, die sie bereits kennen. Es sind die von Yousef.

Die FBI-Beamten sind zum einen begeistert, denn endlich haben sie nach zwei Jahren intensiver Suche eine heiße Spur zum inzwischen meistgesuchten Terroristen der Welt. Andererseits lassen die sichergestellten Pläne das Allerschlimmste befürchten. Yousef will ganz offensichtlich Anschläge mit nie dagewesener Brutalität verüben. Um den Vereinigten Staaten weithin sichtbare Schäden beizufügen, plant er den Einsatz von Selbstmordattentätern direkt in den USA, wobei mit Tausenden von Toten zu rechnen ist. Den FBI-Beamten wird klar, daß der Begriff Terrorismus von nun an neu definiert werden muß.

Sie bedrängen ihre philippinischen Kollegen, Murad stärker unter Druck zu setzen, um die Namen der Hintermänner in Erfahrung zu bringen. Sie selbst wollen nicht in Erscheinung treten. Doch über den großen Unbekannten mit dem Decknamen Majid kommen die Vernehmer nicht hinaus. Die FBI-Agenten durchsuchen derweil den Computer nach weiteren möglichen Spuren. Dabei stoßen sie auf den Entwurf eines Briefes, der mit den Worten beginnt: »Beten Sie in Ehrfurcht zu Allah, Mr. Siddiqui, dies ist der Tag des Jüngsten Gerichts.« Unterzeichnet ist das Schreiben von einem »Khalid Scheich«. Dieser Person wollen sie verstärkte Aufmerksamkeit widmen.

Scheich Mohammed hat sich inzwischen – genau wie Yousef – über Thailand nach Islamabad abgesetzt. Ihnen war gerade noch rechtzeitig die Flucht gelungen. Nur Khan, der »Löwe«, ging der Polizei ins Netz. Er wird am 11. Januar 1995 verhaftet, kann kurz darauf aber wieder aus dem Gefängnis fliehen. Yousef weiß um die Gefahren, die mit Murads Verhaftung verbunden sind, denn über kurz oder lang würde man ihn zum Reden bringen. Er überlegt, wie er ihn da rausholen kann, und entschließt sich zur Geiselnahme eines Prominenten, um Murad im Austausch freizupressen.

Am 23. Januar 1995 nimmt er dazu Kontakt mit einem jungen Südafrikaner namens Ishtiaque Parker auf, der in Islamabad an einer der islamistischen Universitäten studiert und seit einem knappen Jahr zu Yousefs Untergrundorganisation gehört. Mit seinem südafrikanischen Paß kann Parker ziemlich problemlos in alle Länder der Welt reisen, weshalb er auch wiederholt als Kurier eingesetzt worden ist.

Yousef trifft sich mit Parker wenige Tage später im Gästehaus »Pearl«, wo er ihm eröffnet, daß sie zusammen kurzfristig nach Bangkok reisen müßten. Gemeinsam mit einem »Freund« in Thailand gelte es, den philippinischen Botschafter zu kidnappen, denn nur so ließe sich Murad freipressen.

Sein »Freund« würde bereits den Botschafter observieren und dessen Tagesablauf auskundschaften.[3] Für die Reise sei bereits alles in die Wege geleitet.

Tatsächlich stehen in dem Zimmer zwei große Koffer und eine schwarze Nylontasche bereit. Yousef präsentiert aus den Koffern teure Anzüge und Krawatten. Aus der schwarzen Tasche holt er mit Chemikalien getränkte Wolle hervor. An einem winzig kleinen Fussel demonstriert Yousef die leichte Entflammbarkeit des Materials. Vor den Augen des jungen Südafrikaners zündet er die Wollfasern an, die sofort in einer Stichflamme aufgehen. Yousef macht auch deutlich, wofür das gedacht ist. Er zeigt zwei Spielzeugautos, die mit Wolle vollgestopft sind. Diese Mitbringsel würden bei keiner Durchleuchtung Verdacht erzeugen, und die Wolle könne man auf dem Röntgenschirm nicht sehen. Den genauen Verwendungszweck wolle er erst in Thailand verraten. Nach dieser Demonstration verstaut Yousef die Autos in Parkers Koffer. Hinzu kommen noch mehrere Fläschchen, die laut Aufschrift Flüssigkeit zum Reinigen von Kontaktlinsen enthalten. Tatsächlich sind sie mit Yousefs spezieller Nitroglycerin-Mischung gefüllt. Außerdem übergibt er ihm 7000 Dollar für Flüge und Hotelunterkunft. Von diesem Geld soll der Südafrikaner unterwegs noch ein paar Utensilien kaufen, die für den Einsatz in Bangkok benötigt werden: Casio-Uhren und Batterien sowie mehrere Spielzeugautos.

Am 30. Januar 1995 begibt sich Parker mit seiner explosiven Fracht auf den Weg von Islamabad nach Bangkok. Vor dem Abflug kauft er sich noch etwas zum Lesen. Eher zufällig fällt seine Wahl auf das US-Magazin *Newsweek*. Beim Durchblättern während des Fluges hält er plötzlich inne. Er entdeckt das Foto eines Mannes, der ihm sehr vertraut ist. Großformatig ist das Konterfei von Yousef abgebildet. In dem dazugehörigen Artikel wird über die fehlgeschlagene Operation »Bojinka« berichtet. Von Yousef ist als dem gefährlichsten Terroristen der Welt die Rede. Er gilt als Nachfolger des »Schakals«, des legendären venezolanischen Terroristen Carlos, der erst ein halbes Jahr zuvor nach über 20jähriger Fahndung verhaftet worden ist.

»Der neue Schakal« wird allerdings als ein Terrorist völlig anderen Typs beschrieben. Er habe keine konkreten politischen Forderungen und handle nicht im Auftrag einer ethnischen Minderheit oder eines Staates. Yousef treibe allein der Haß gegen die Juden und die USA. Es gehe ihm um die Vernichtung der westlichen Zivilisation. Die Anschlagsziele müßten bei ihm daher Symbolcharakter haben, und möglichst viele Menschen sollten jeweils ums Leben kommen. Um diesem gefährlichen Menschen das Handwerk zu legen, habe die US-Regierung zwei Millionen Dollar auf seinen Kopf ausgesetzt.

In Bangkok steigt Parker auf Yousefs Empfehlung hin im Hotel »Grace« ab. Es ist eines der größten in der Millionen-Metropole, besonders beliebt bei Besuchern aus Pakistan und dem Mittleren Osten. Umgehend erstattet Parker in Islamabad Bericht und informiert Yousef darüber, daß es keinerlei Probleme gegeben hat, weder bei der Sicherheitsdurchleuchtung des Gepäcks noch bei der Paßkontrolle.

Yousef ist zufrieden. Nachdem das Nitroglycerin sicher in Bangkok angekommen ist, kann er nun mit weniger brisantem Gepäck nachreisen. Obwohl zwischenzeitlich weltweit nach ihm gefahndet wird, gelingt es ihm, unbehelligt durch alle Kontrollen zu kommen.

In Bangkok weiht Yousef auch endlich Parker in seinen Plan ein. Es gehe gar nicht um die Entführung eines Botschafters, sondern vielmehr solle von Thailand aus zunächst eine modifizierte Variante der Operation »Bojinka« umgesetzt werden, die in Manila leider fehlgeschlagen sei. Um die Freipressung von Murad kümmere er sich anschließend. Geplant sei, mehrere Koffer, die als gewöhnliches Reisegepäck mit Herrenkleidung und Kinderspielzeug getarnt sind, als Frachtgut bei amerikanischen Fluggesellschaften aufzugeben. Bei den darin versteckten Sprengladungen sollen die Zeitzünder so eingestellt werden, daß die Bomben genau dann explodieren, wenn sich die Maschinen im amerikanischen Luftraum befinden.

Nach einigen Recherchen erfährt Yousef von verschiedenen Frachtunternehmen, daß die Aufgabe von Gepäck direkt mit den Fluglinien zu klären sei. Delta Airlines und United Airlines bestätigen dies. Daraufhin weist Yousef Parker an, die präparierten Koffer aufzugeben, obwohl dieser über keinen zweiten Paß auf einen anderen Namen verfügt. Parker wehrt sich gegen diesen Auftrag, denn er weiß, daß er von diesem Moment an nur noch im Untergrund leben kann. Zu Hause warten aber eine Frau und zwei kleine Kinder auf ihn, die ebenfalls seinen Namen tragen. Er versucht zu protestieren. Doch sein vermeintlicher Freund Yousef ist knallhart und gibt ihm zu verstehen, daß seiner Familie durchaus etwas zustoßen könne, wenn er nicht kooperiere. »Du bist jetzt Mitglied in meiner Organisation und involviert in eine der subversivsten Aktivitäten der Welt.«[4] Ein Ausstieg komme nicht mehr in Frage.

Parker fährt schließlich mit den Koffern auftragsgemäß zum Flughafen hinaus. Doch dort angekommen, wachsen seine Skrupel. Mehrfach schleicht er um den Schalter herum, zu einer Aufgabe der Koffer kann er sich nicht entschließen. Er überlegt eine glaubwürdige Ausrede. Nach Stunden ruft er Yousef im Hotel an und teilt ihm mit, daß die amerikanischen Fluglinien bei Annahme von Frachtgut gerade ihre Sicherheitsvorkehrung verschärft hätten. Man müsse nicht nur seinen Paß vorlegen, sondern sich auch damit einverstanden erklären, daß die Fingerabdrücke genommen werden. Damit wäre er aber für immer »verbrannt«. Yousef befiehlt Parker, mit den Koffern unverzüglich ins Hotel zurückzukommen, damit er die Bomben entschärfen könne. Er wolle es tags darauf bei einer französischen Fluglinie versuchen.

Als Parker ins Hotel zurückkommt, erklärt ihm Yousef, daß die Kofferbomben nun zunächst nach London geschickt würden, um dort von einem Mittelsmann bei einer amerikanischen Fluglinie als Fracht aufgegeben zu werden. Parker geht erst einmal in die Stadt, um sich zu entspannen und ein wenig abzulenken. Als er abends wieder ins Hotel zurückkommt, ist Yousef gerade dabei, das Fläschchen mit dem Nitroglycerin ins Waschbecken zu kippen. Er ist wütend und richtiggehend sauer. Sein Londonkonzept ist gescheitert, warum, sagt er nicht. Die Aktion wird abgebrochen. Nach drei Tagen in Bangkok fliegen beide am 2. Februar 1995 zurück nach Pakistan. Parker ist erleichtert.

Doch kaum sind sie in Islamabad gelandet, schickt ihn Yousef gleich wieder los. Noch auf dem Flughafen soll er neue Flugpläne besorgen, diesmal von Singapur Airlines, sowie Batterien und Spielzeugautos kaufen. Parker weiß, was das bedeutet. Zudem beauftragt ihn Yousef, einen Bungalow in einem der besseren Viertel Islamabads anzumieten. Nach der geplanten Entführung des philippinischen Botschafters soll der Diplomat dort so lange versteckt werden, bis Murad auf den Philippinen freigelassen ist. Als Parker wieder zögert, weist ihn Yousef drohend darauf hin, daß auf dem Computer, der in Manila der Polizei in die Hände gefallen ist, auch sein Name nebst Anschrift verzeichnet gewesen sei, er jetzt also nicht mehr zurück könne und es gewiß auch in seinem Interesse wäre, wenn Murad so bald als möglich freikomme und nicht noch etwas über ihr geheimes Netzwerk ausplaudere.

Parker reagiert auf diesen Hinweis jedoch anders als von Yousef erwartet. Ihm wird bewußt, daß das FBI womöglich längst auf seinen Fersen ist und man ihn für die Taten von Yousef mitverantwortlich machen wird. Er malt sich aus, was das für ihn und seine Familie bedeutet. Parker will dem zuvorkommen. Er erinnert sich an den Artikel aus der *Newsweek* und das darin enthaltene verlockende Angebot.

Am nächsten Morgen ruft er um 10.45 Uhr in der US-Botschaft in Islamabad an. Dem Angestellten in der Telefonzentrale sagt er nur, daß er wichtige Informationen über einen Terroristen habe. Sofort wird er mit einem Beamten der

Diplomatic Security Services (DSS) verbunden. Nach Ende des längeren Telefonats weiß Parker, daß er relativ schnell ein reicher Mann sein kann. Er muß das FBI nur noch zu Yousef führen, dann ist ihm die Belohnung von zwei Millionen Dollar zugesagt.

Tags darauf landet auf dem Flughafen von Islamabad eine Regierungsmaschine der Vereinigten Staaten. Ihr entsteigen 20 FBI-Agenten in Zivil, einige mit Maschinenpistolen in ihren Rucksäcken. Es ist der 4. Februar 1995. Die Agenten sind seit zwei Jahren ausschließlich mit Ermittlungen wegen des Anschlages auf das World Trade Center beschäftigt. Außer Yousef haben sie alle direkt Beteiligten längst verhaftet. Nur das Bombenhirn selbst ist ihnen immer wieder entwischt. Bereits mehrmals waren sie ganz dicht dran. Nun aber soll es endlich klappen.

Mit Hilfe pakistanischer Kollegen heften sie sich sofort an die Fersen von Yousef. Ihren Informationen nach ist der Terrorist im Gästehaus »Su Casa« abgestiegen, ein Etablissement in einem der ärmeren Wohnviertel Islamabads. Das billigste Zimmer ist hier schon für drei Dollar die Stunde zu haben. Yousef, der sich unter dem Namen Ali Mohammed einquartiert hat, wohnt etwas komfortabler und zahlt 33 Dollar pro Tag. Sein Zimmer befindet sich im zweiten Stock. Sofort wird eine Komplettüberwachung eingeleitet und jedes seiner Telefonate mitgeschnitten. Auffällig sind seine vielen Kontakte nach Peschawar. Man hofft, auf weitere Hintermänner zu stoßen. Am Abend des 6. Februar wird Yousef gegen 20.30 Uhr von einem Araber im Hotel abgeholt. Beide gehen zum Einkaufen in einen Supermarkt und verschwinden danach im Straßengewimmel von Islamabad. Die amerikanischen Agenten sind mit der Lage vor Ort nicht vertraut und erkennbar überfordert. Zu ihrem Glück taucht Yousef, der die Überwachung offenbar nicht bemerkt hat, nach einer guten Stunde wieder auf und bringt die Einkäufe auf sein Zimmer.

Die FBI-Agenten wollen es nicht noch einmal riskieren, Yousef zu verlieren, und verzichten auf die weitere Ausspähung seines Umfeldes. Sie beschließen, nach dieser Nacht zuzuschlagen. Am nächsten Morgen wird Parker als Lockvogel zu ihm geschickt. Er soll zweifelsfrei feststellen, ob sich Yousef tatsächlich in seinem Zimmer aufhält. Das gehört zum Zwei-Millionen-Dollar-Job.

Am Morgen des 7. Februar 1995 taucht Parker gegen 9.00 Uhr im streng observierten »Su Casa« auf. Er besucht Yousef unter dem Vorwand, über das weitere Vorgehen bei der Anmietung des Diplomatenverstecks reden zu wollen. Aber Yousef ist das noch zu früh und schlägt vor, das Gespräch zu einem späteren Zeitpunkt zu führen. Gegen 9.30 Uhr verläßt Parker das Hotel wieder. Er geht über die Straße, nimmt seinen Hut ab und fährt sich mit den Fingern durch sein Haar. Das ist das verabredete Zeichen, auf das die FBI-Agenten gewartet haben. Yousef ist auf seinem Zimmer.

Sofort stürmt ein Einsatzkommando in das Hotel. »Wo ist Zimmer 16«, fragt einer der Agenten. »Im zweiten Stock«, antwortet der verschüchterte Hotelangestellte an der Rezeption.[5] Nachzufragen traut er sich nicht. Möglichst lautlos schleichen die FBI-Agenten die Treppen hoch und ziehen die Sicherheitsbügel ihrer Maschinenpistolen zurück. Von beiden Seiten positionieren sie sich um die Tür zu Zimmer Nr. 16. Auf Kommando hin klopft einer an die Zimmertür. Ohne nachzufragen, wer da ist, öffnet Yousef zur Überraschung der FBI-Agenten die Tür. Barfuß und mit verschlafenem Blick steht der meistgesuchte Terrorist der Welt vor den Läufen der MPs. Bevor Yousef überhaupt reagieren kann, stürzen sich zwei Beamte auf ihn und werfen ihn zu Boden. Ein anderer fesselt ihm sofort die Hände auf dem Rücken. Danach heben sie ihn hoch und stellen ihn mit dem Gesicht zur Wand. »Bleib so stehen«, brüllt einer der Beteiligten. »Beweg dich nicht! Beweg dich bloß nicht!«

Während die anderen Agenten sofort das Ein-Bett-Zimmer nach Waffen und Sprengstoff durchsuchen, fragt der Yousef am nächsten Stehende seinen Kollegen: »Haben wir auch den richtigen erwischt?« Dieser zieht ein Foto aus der Gesäßtasche und hält es direkt neben das Gesicht von Yousef. Die letzten Zweifel sind sogleich ausgeräumt. Der Verhaftete hat die gleichen wulstigen Lippen und weit abstehende Ohren wie der Mann auf dem Foto. »Er ist es!« sagt der FBI-Agent. Nach über zwei Jahren aufreibender Fahndung haben sie ihn, Ramzi Yousef, den »neuen Schakal«.

Wie Carlos erweist sich auch Ramzi Yousef als eitler, geltungsbedürftiger Mensch. In seinem Hotelzimmer findet sich eine ganze Sammlung von Zeitungsartikeln, fein säuberlich ausgeschnitten, in denen seine Taten behandelt werden.[6] Die terroristischen Erfolge scheinen ihm Selbstbestätigung zu geben. Das wird auch bei der anschließenden Vernehmung deutlich. Stolz erklärt er dabei: »Ich habe mir den Anschlag auf das World Trade Center ausgedacht.« Und als Beweis seiner Effizienz setzt er hinzu: »Das hat weniger als 20000 Dollar gekostet.«[7]

Ein FBI-Beamter verliest ihm seine Rechte und macht ihn darauf aufmerksam, daß er das Recht hat, zu schweigen, weil jede Aussage vor Gericht gegen ihn verwendet werden kann. Aber Yousef winkt nur ab. Er ist bereit, zu seinen Taten zu stehen und auch ohne Anwalt zu reden. Seine Einwilligung gibt er den FBI-Agenten, die ihm schnell ein entsprechendes Formular hinhalten, sogar schriftlich. Die FBI-Agenten behandelt er herablassend, macht sich mitunter sogar lustig über sie. Auf die Frage, wie sein Name lautet, antwortet Yousef nur: »Ich habe viele.« Auf Nachfrage erklärt er dann schmunzelnd, augenblicklich heiße er gerade Ali Mohammed Baloch, geboren am 15. Februar 1966. Der Vernehmungsführer wird deutlicher und fragt ihn unmißverständlich, ob er Ramzi Yousef sei. »Ja, ich bin es«, sagt er schließlich, aber auch das wäre nicht sein richtiger Name, eigentlich heiße er Abdul Basit Mahmoud Abdul Karim, geboren am 27. April 1968 in Kuwait als pakistanischer Staatsbürger.

Als es dann zur Sache geht, gibt Yousef bereitwillig und nicht ohne Stolz Auskunft über die Details zum Anschlag auf das World Trade Center. Er erklärt sogar, daß er damals gehofft habe, mit der Bombe einen Dominoeffekt auszulösen und möglichst mehrere zehntausend Menschen zu töten.

Zum Ende der ersten Vernehmungsrunde erkundigt sich Yousef nach dem Verfahren der Todesstrafe in den USA. Er will wissen, wie lange es nach der Urteilsverkündung noch dauert, bis man hingerichtet wird. Außerdem bittet er die Beamten darum, ihm ordentliche Kleidung zu besorgen. Er möchte sich vor seiner Auslieferung in die USA noch entsprechend einkleiden. Sie mögen ihm Hemd, Krawatte und Anzugshose, Schuhe und Socken sowie einen Mantel herbeibeschaffen.

Ganz im Gegensatz zu diesem edlen Gebaren steht das, was die Ermittler in Yousefs Hotelzimmer finden. Neben den mit Nitroglycerin-Wolle bestückten Spielzeugautos entdecken sie einen Brief, in dem Yousef droht, den philippinischen Präsidenten zu ermorden, wenn sein Freund Murad nicht freigelassen wird. Auch die Vergiftung der Wasserversorgung der Millionenmetropole Manila gehört zu seinem Drohpotential.

Am nächsten Morgen muß das pakistanische Personal auf dem Flughafen von Islamabad einen Teil des Rollfeldes räumen, denn die US-Regierungsmaschine wird von FBI-Spezialagenten gesichert. Der Abtransport des gefährlichsten Mannes der Welt steht bevor. Plötzlich fährt ein Lieferwagen mit hoher Geschwindigkeit heran und bremst scharf vor der hinteren Gangway. Polizisten springen heraus und geleiten einen großen, schlanken Mann in Handschellen und Fußeisen den kurzen Weg zur Gangway hinüber. Er trägt eine schwarze Kapuze über dem Kopf.

Oben angekommen, nehmen zwei Agenten Yousef die Kapuze vom Kopf und weisen ihm einen Platz am Fenster zu, eingekeilt von Beamten. Er ist zwar rasiert, aber keineswegs elegant gekleidet. Vielmehr wirkt er müde und angeschlagen, wie jemand, der weiß: Das Spiel ist aus.

In der Luft dann versuchen zwei FBI-Agenten, mit ihm locker ins Gespräch zu kommen. Sie zeigen sich interessiert an seinen spektakulären Aktionen und fangen an, vorsichtig Fragen zu stellen. Yousef erklärt sich unter einer Bedingung bereit, mit ihnen zu sprechen: Die FBI-Beamten dürfen sich keine Notizen machen und das Gespräch nicht aufzeichnen. »Dann kann ich später vor Gericht einfach behaupten, daß ich das nie gesagt habe«, erklärt er.[8] Die Agenten stimmen dem zu, man wolle sich nur ein wenig professionell austauschen.

Im Laufe des langen Fluges entwickelt sich eine bizarre Unterhaltung. Yousef fühlt sich als gleichwertiger Profi akzeptiert und erzählt freimütig von seiner Karriere als Terrorist, von den Anfängen in den Lagern Afghanistans und seiner Ausbildung zum Bombenkonstrukteur. Geradezu schwärmerisch beschreibt er die technische Funktionsweise seiner Bomben. Auch berichtet er davon, daß er genau wie James Bond, der Kinoagent 007, über einen Füllfederhalter verfüge, der sowohl als Zünder als auch zum Abfeuern von kleinen Projektilen benutzt werden kann.

Nach einer Weile antwortet er sogar auf Detailfragen zu einzelnen Personen. Als ihm die FBI-Agenten erzählen, daß sie bei seinen Hinterlassenschaften in Manila eine Visitenkarte von Mohammed Khalifa gefunden haben, bestätigt Yousef, daß es sich dabei um den Schwager von Osama Bin Laden handelt. Ebenso freimütig erzählt er von seinen Komplizen beim Anschlag auf das World Trade Center, die zwischenzeitlich alle verhaftet worden sind. »Da gibt es allerdings noch einen«, sagt Yousef, »von dessen Existenz ihr zu meiner Überraschung bislang noch gar nichts wißt.« Als die FBI-Agenten vorsichtig nachhaken, wird Yousef einsilbig. Er deutet nur an, daß derjenige am gleichen Tag wie er die Vereinigten Staaten verlassen habe, allerdings mit einer anderen Maschine. Nun sei es an ihnen, alles weitere herauszufinden.

Immer wieder versuchen die FBI-Agenten, das Gespräch geschickt auf mögliche Hintermänner zu lenken. Als sie auf die gescheiterte Operation »Bojinka« zu sprechen kommen, erzählt ihnen Yousef, daß außer ihm noch drei weitere Personen in die Planung involviert waren. Alle seien in der Lage, auch allein solche Aktionen zu planen, zu organisieren und in die Tat umzusetzen. Doch ins Detail will Yousef diesmal nicht gehen, auch keine Namen nennen. Er wolle nicht, daß sich das FBI auf künftige Vorhaben seiner Freunde einstellen könne. Die FBI-Agenten lassen nicht locker und fragen konkreter nach. Ob denn bald mit größeren Anschlägen, wie er sie in seinem Computer skizziert habe, zu rechnen sei. Es gebe genügend engagierte Menschen auf der Welt, antwortet Yousef sibyllinisch darauf, die bereit sind, solche Anschläge auf US-Ziele durchzuführen, und auch die Kenntnisse und Ausbildung dafür haben.

Zwischendurch steht immer mal einer der Agenten auf, um auf die Toilette zu gehen, doch dient das nur dazu, unbemerkt Notizen zu machen. Das Vertrauen wächst mit der Zeit so weit, daß Yousef sogar eine Skizze von der Tiefgarage des World Trade Center anfertigt, worauf er den genauen Standort des Autos mit der Bombe einzeichnet. Als die FBI-Agenten die Skizze näher betrachten und an sich nehmen wollen, zerreißt sie Yousef und stopft sich vorsichtshalber die Papierschnipsel in den Mund und schluckt sie mit etwas Mineralwasser herunter. Das alles könnten sie ja irgendwann nachlesen, denn er hofft doch, vor seiner Hinrichtung noch so viel Zeit zu haben, daß er ein Buch über seine Aktivitäten schreiben könne.

Als die Maschine gegen 20.30 Uhr des Folgetages schließlich auf der Stewart Air Force Base in Newburgh, New York, landet, lehnt Yousef jede weitere Unterhaltung ab. Vor dem Verlassen des Flugzeugs stülpen ihm die FBI-Agenten wieder eine Kapuze über den Kopf und bringen ihn zu einem bereitstehenden Helikopter. Yousef wird direkt in das New Yorker

Hauptquartier des FBI geflogen, das sich auf dem Federal Plaza in Manhattan befindet. Von hier aus wurde zwei Jahre lang die Fahndung nach Yousef koordiniert.

Als der Helikopter das Lichtermeer von Manhattan erreicht und die hellerleuchteten Türme des World Trade Center zu sehen sind, nimmt einer der FBI-Beamten die schwarze Kapuze von Yousefs Kopf. »Schau her«, sagt er triumphierend zu dem Terroristen, »die Türme stehen noch.« Yousef, dessen Augen sich noch nicht ganz an das Licht gewöhnt haben, blinzelt zu den Zwillingstürmen hinüber und antwortet: »Nächstes Mal haben wir mehr Geld und mehr Sprengstoff, und dann werden sie einstürzen.«[9]

Die Festnahme des prominenten Terroristen verwandelt sich in den USA in ein großes Medienereignis. Reporter werden losgeschickt, um in Pakistan das Umfeld zu recherchieren und möglichst neue Details zu präsentieren. Tatsächlich finden sie im Gästehaus »Su Casa« auch einen Augenzeugen der Verhaftung. Ein kleiner, dicker Mann, der angibt, Geschäftsmann aus Karatschi zu sein, macht bei der Schilderung der Ereignisse aus seiner Empörung über die Vorgehensweise der FBI-Agenten keinen Hehl. Er habe sich zum Zeitpunkt der Verhaftung nur ein Stockwerk tiefer in seinem Zimmer aufgehalten und sei von dem Lärm aufgeschreckt worden. Sofort habe er auf dem Flur nachgesehen: »Es war wie bei einem Hurrikan. Plötzlich gab es eine große Panik. Sie schleiften ihn die Treppen hinunter.«[10] Dabei habe der Mann geschrieen: »Wer seid ihr? Warum macht ihr das? Ich bin unschuldig. Zeigt mir euren Haftbefehl.« Aber niemand habe reagiert oder sei ihm zu Hilfe gekommen. »Sie hatten ihm einfach die Augen verbunden und seine Arme und Beine aneinandergekettet.« Als die Reporter den Augenzeugen nach seinem Namen fragen, antwortet er: Khalid Scheich.

Ein zweiter Kontaktversuch mit dem Augenzeugen scheitert. Der Hotelgast reist noch am gleichen Tag ab. Scheich

Mohammed verläßt auf schnellstem Wege das Land und zieht sich nach Doha auf der Halbinsel Katar im Persischen Golf zurück. Einer seiner Brüder unterrichtet dort an der Universität und gehört zu den angesehensten Personen des Emirats. Für Scheich Mohammed ist es daher problemlos, im gesellschaftlichen Leben der Monarchie Fuß zu fassen, zumal er umgänglich, freundlich und zuvorkommend ist. Neue Bekannte sind von seiner Aufmerksamkeit beeindruckt,[11] denn er kann sich auch bei einem zweiten Zusammentreffen nach längerer Zeit sofort an den Namen eines flüchtigen Gesprächspartners erinnern, wie auch an das Thema vom letzten Mal, und sei es auch noch so belanglos gewesen.

Scheich Mohammed wird bald ein gerngesehener Gast in der besseren Gesellschaft des Golfstaates. In diesen Kreisen lernt er auch Scheich Abdullah bin Khalid al-Thani kennen, den Religionsminister von Katar, einen der einflußreichsten Männer in dem islamischen Staat. Er freundet sich mit dem Minister an, was ihm das Gefühl von Schutz und Sicherheit gibt. Alsbald lebt der Terrorist völlig offen und unbekümmert.

Im Januar 1996 gerät der Salonlöwe ins Visier der CIA. Ein Agent des amerikanischen Auslandsnachrichtendienstes identifiziert ihn als einen der Verdächtigen des Manila-Komplotts »Bojinka«. In seinem Bericht an die Zentrale in Langley verweist der Agent zugleich darauf, daß er keine Möglichkeit sehe, in Zusammenarbeit mit den Behörden von Katar den Terroristen dingfest zu machen, da dieser von einem Mitglied des königlichen Familienclans geschützt werde. Dies wundert die CIA nicht, denn der Religionsminister ist seit langem als Fundamentalist bekannt, der immer wieder militante Afghanistan-Veteranen auf sein großes Anwesen außerhalb von Doha einlädt.

In Washington beschäftigt sich der Nationale Sicherheitsrat mit dem Fall. In einem Sonderkomitee werden Überlegungen angestellt, mit Special Forces der US-Streitkräfte in einer Geheimoperation den Terroristen festzunehmen und auszufliegen. Aber der Plan wird politisch wieder verworfen. Das Risiko, sich mit einer solchen Operation gegen die nationale Souveränität Katars den Unbill der gesamten Golfregion zuzuziehen, ist der Clinton-Administration zu groß. Man braucht die Staaten noch als Partner für künftige Einsätze am Golf. Daher wird beschlossen, den offiziellen Weg zu gehen, selbst auf die Gefahr hin, daß Scheich Mohammed gewarnt wird und ihnen entkommt.

Der US-Botschafter wird beim Außenminister von Katar vorstellig, Scheich Hamad bin Jassim bin Jabr al-Thani, ein enger Verwandter des Beschützers von Scheich Mohammed. Bei einem kurz darauf folgenden Besuch des Außenministers in Washington kommt es sogar zu einem Treffen mit FBI-Direktor Louis J. Freeh, der über die Gefährlichkeit von Scheich Mohammed informiert. Dieser verfüge über 20 gefälschte Pässe, sei Spezialist in der Herstellung von Sprengstoff und könne durchaus auch eine Gefahr für die Bürger Katars werden.[12] Der Außenminister sagt dem FBI-Direktor offiziell seine Unterstützung zu. Doch als ein amerikanisches Expertenteam in Katar eintrifft, ist Scheich Mohammed bereits über alle Berge. Louis J. Freeh kocht vor Wut. Er fühlt sich von den Behörden des Emirats hinters Licht geführt und schreibt dem Außenminister Katars einen entsprechenden Brief. »Ich habe die niederschmetternde Information erhalten, daß sich Mohammed der Überwachung durch unseren Security Service entziehen konnte und sich nun bewußt sein dürfte, daß sich das FBI für ihn interessiert. Dieser Fehlschlag dürfte es Khalid Scheich Mohammed und seinen Helfern ermöglichen, weiterhin ihren Terroroperationen nachzugehen.«[13] Das FBI schreibt Scheich Mohammed weltweit zur Fahndung aus und verspricht für Hinweise zu seiner Ergreifung zwei Millionen US-Dollar Kopfgeld.

Am 21. Februar 1996 erhebt die Grand Jury des südlichen Distrikts von New York Anklage gegen Yousef, Murad und

Khan, den »Löwen«, der nach seiner Flucht aus der Haft in Manila schließlich doch noch am 11. Dezember 1995 in Malaysia verhaftet und an die USA ausgeliefert worden ist. Die drei Terroristen sind angeklagt wegen »Beteilung an einer Verschwörung zum Zwecke eines geplanten Bombenanschlages auf US-amerikanische Verkehrsflugzeuge in Südostasien«, dem sogenannten Manila-Plot.[14] Yousef muß sich zudem wegen des Bombenanschlags am 11. Dezember 1994 auf eine Boeing der Philippine Airlines (PAL) verantworten, bei dem ein japanischer Fluggast getötet und zehn Insassen verletzt wurden.

Bereits vor Beginn des Prozesses, der auf Ende Mai 1995 terminiert ist, wird klar, daß es keiner der sonst üblichen Terroristenprozesse wird. Erstmals steht eine völlig neue Terrorgeneration vor Gericht. Bei der Gruppe um Yousef handelt es sich nicht mehr wie in den siebziger oder achtziger Jahren um eine politisch motivierte und straff organisierte Untergrundarmee, die mit Anschlägen konkrete politische Ziele erreichen will, sondern um eine eher religiös motivierte, dezentral agierende Gruppierung mit diffusen Vorstellungen, ohne präzise Forderungen. Ihr Kampf richtet sich auch nicht gegen einzelne Personen, Parteien oder Staaten, sondern gegen den Westen an sich. Die Vereinigten Staaten spielen dabei eine besondere Rolle, da ihnen vorgeworfen wird, mit der Unterstützung Israels Teile der islamischen Welt zu bekämpfen. Letztlich plant diese neue Generation von Terroristen nichts weniger als die Niederwerfung der westlichen Welt, um sie von ihrer Arroganz und Bevormundungspolitik gegenüber den islamischen Staaten abzubringen. Da dies bei den gegebenen Kräfteverhältnissen mit einem Militärschlag nicht möglich ist, wollen die Terroristen den Westen zumindest für seine Politik »bestrafen«. Mit unkalkulierbaren Anschlägen gegen zivile Einrichtungen in westlichen Ländern sollen Angst und Schrecken verbreitet, das selbstgefällige Leben der Reichen gestört werden. Je kräftiger der jeweilige Anschlag, desto

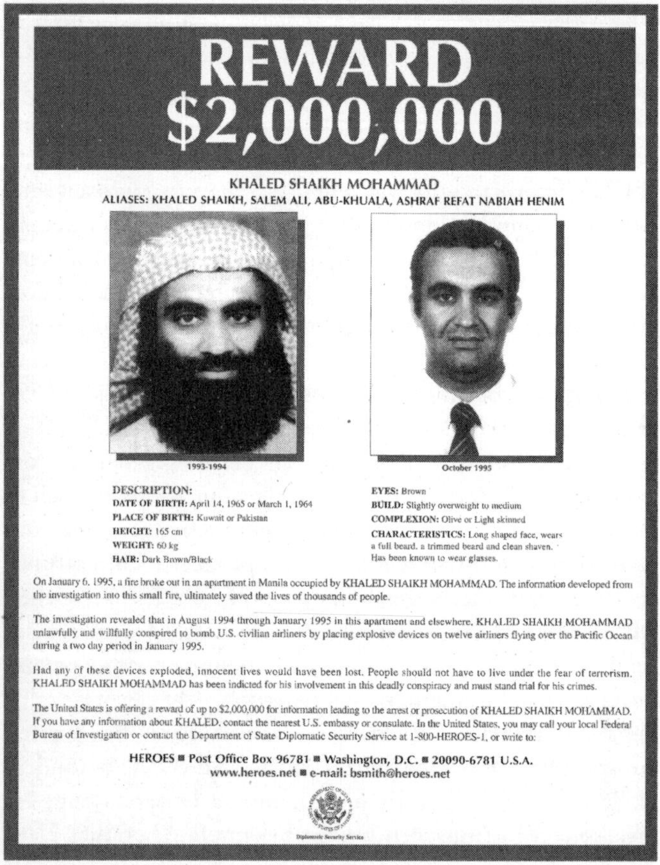

Für die Ergreifung von Khalid Scheich Mohammed setzen die US-Behörden 1996 eine Belohnung von 2 Millionen Dollar aus, die 2001 auf 25 Millionen erhöht wird.

besser. Massenmord wird zum Instrument des modernen, religiös geprägten Terrorismus.

Mit in der Anklageschrift findet sich auch der flüchtige Khalid Scheich Mohammed, der als ein »möglicher Verwandter« von Yousef bezeichnet wird, ohne ihm jedoch konkrete Taten zur Last zu legen.[15] Die US-Ermittler sind sich noch nicht im Klaren darüber, welche Rolle er eigentlich in dem Netzwerk spielt.

Scheich Mohammed hat derweil in Afghanistan Unterschlupf gefunden, wo im Frühjahr 1996 die radikalislamischen Taliban-Milizen Stück für Stück das Land erobern und die Ausrufung eines islamischen Staates vorbereiten. Die bereits eroberten Provinzen werden zu Sammelpunkten militanter Kämpfer aus vielen Teilen der Welt. Mitte Mai 1996 landet auf dem Flughafen in Jalalabad östlich von Kabul eine Hercules C-130. Dem Transportflugzeug entsteigen Osama Bin Laden, seine drei Frauen und seine Kinder sowie rund 150 seiner Gefolgsleute, meist Mitglieder der *Al Qaida*.

Nachdem ihm Saudi-Arabien die Staatsbürgerschaft aberkannt hatte, lebte Osama Bin Laden in den vergangenen vier Jahren im Sudan. Allerdings war er der sudanesischen Regierung zwischenzeitlich ebenso lästig geworden wie zuvor der venezolanische Terrorist Carlos, den sie bereits im August 1994 an die Franzosen ausgeliefert hatte. So weit wollte es Osama Bin Laden nicht kommen lassen, zumal er wußte, daß der Sudan seinetwegen von Saudi-Arabien und den USA verstärkt unter Druck gesetzt wurde. In Afghanistan angekommen, rechnete Bin Laden mit dem Sudan ab, der seiner Meinung nach »die arabischen Afghanen zum Schleuderpreis« an den Westen verkauft habe.[16]

Seinen Anhängern erklärte er die Übersiedlung an den Hindukusch auf religiöse Weise. Die Reise sei mit der Emigration des Propheten Mohammed zu vergleichen, der im siebenten Jahrhundert mit seinen Anhängern von der Geburtsstadt Mekka nach Medina umsiedeln mußte, da der Druck der heidnischen Mitbürger zu groß geworden war. Von Medina aus kämpfte Mohammed acht Jahre gegen die Ungläubigen, bis er als Sieger nach Mekka zurückkehren konnte. In diesem Sinne erklärte Bin Laden Afghanistan zum Medina des 21. Jahrhunderts.[17]

Diese Lesart gefällt auch Mullah Mohammed Omar, dem Führer der Taliban, der in Afghanistan einen Gottesstaat errichten und von hier aus gegen alle Ungläubigen kämpfen will. Gleich nach der Ankunft von Osama Bin Laden schickt Omar eine Delegation zum saudischen Millionär und läßt ihm versichern, daß es die Taliban als ihre Ehre ansehen, den Helden des Dschihad fortan zu beschützen.

Mullah Omar selbst, ein Paschtune aus Südafghanistan, war im Heiligen Krieg gegen die sowjetische Besatzung Kommandeur einer Mudschaheddin-Einheit und ist mehrfach schwer verletzt worden. Daß er jedes Mal überlebte, wird von seinen Anhängern als ein Zeichen der Vorsehung gedeutet, die ihn wie einen neuen Propheten verehren. Über ihn sind Geschichten im Umlauf, die seine Unerschrockenheit und seinen Heldenmut preisen. So soll sich Mullah Omar nach der Verletzung seines rechten Auges durch einen Granatsplitter dieses Auge selbst herausgerissen haben, um so der Gefahr einer gefährlichen Entzündung vorzubeugen. Anschließend habe er sich die blutige Hand an der Mauer einer Moschee im südafghanischen Singesar, 50 Kilometer westlich von Kandahar, abgewischt. Die Wächter der Moschee würden bis heute die Blutspur wie eine Reliquie hüten.[18]

Besonderen Zulauf findet Mullah Omar bei den jungen Kämpfern, die selbst noch nicht am Dschihad gegen die Sowjets teilgenommen haben, sondern durch die Koranschulen in den Flüchtlingslagern geprägt und oft auch fanatisiert worden sind. Sie glauben fest daran, daß dem Mullah 1994 der Führungsauftrag durch eine Vision offenbart worden ist.

Omar bedient diesen Glauben durch geschickte Inszenierungen, die ihn in die historische Traditionslinie des Propheten Mohammed stellen. Am 4. April 1996 erscheint er beispielsweise in Kandahar auf dem Dach eines Gebäudes mit Mohammeds Umhang über den Schultern, der zum ersten Mal seit 60 Jahren einem Schrein des Propheten entnommen worden ist.[19] Prompt feierten ihn seine Anhänger als Amir-ul

Momineen, den Befehlshaber aller Gläubigen. Tatsächlich gebärdet sich Omar in der Folgezeit nicht nur als Führer aller Afghanen, sondern auch aller Muslime der Welt.

Für die Gebiete unter seiner Kontrolle verkündet er die Scharia, die islamische Gesetzgebung, und zwar in der härtesten aller möglichen Auslegungsformen. Die Männer müssen sich fortan handlange Bärte wachsen lassen, müssen allen weltlichen Genüssen entsagen und mindestens fünf Mal am Tag zum Beten in die Moschee gehen. Frauen haben in der Öffentlichkeit die Burka zu tragen, einen Schleier, der nur über einen schmalen vergitterten Sehschlitz verfügt, und dürfen nur noch in Ausnahmefällen und mit Zustimmung des Mannes das Haus verlassen. Die Ausübung von Berufen ist ihnen verboten. Sämtliche Mädchenschulen werden geschlossen. Strafen wie Steinigung, Auspeitschen und Abhacken von Gliedmaßen gehören bald zum Alltag, ebenso die Todesurteile, die einem Volksfest gleich in Fußballstadien vor vollbesetzten Rängen vollstreckt werden. »Wir kämpfen gegen fehlgeleitete Muslime«, rechtfertig Mullah Omar den Fundamentalismus seiner Taliban. »Sollten wir etwa ruhig mit ansehen, wie direkt vor unseren Augen Verbrechen an Frauen und armen Leuten begangen werden?«[20]

Diese Vorstellungen von einem islamischen Gottesstaat decken sich mit den Ansichten von Osama Bin Laden. Er kann unter dem Schutz der Taliban neue Ausbildungscamps für seine kämpferische Basis *Al Qaida* errichten. In einem dieser Lager versammelt er alsbald die wichtigsten internationalen Führer des islamischen Fundamentalismus, um mit ihnen eine gemeinsame Front zu schaffen, die »der amerikanischen und israelischen Arroganz entgegenwirken« soll.[21] Am zweiten Abend dieses Gipfeltreffens beschließen die Teilnehmer, mehrere Komitees für Mobilisierung, Planung, Finanzierung und Logistik zu bilden. Es gelte »um jeden Preis gegen die fremden, auf heiliger muslimischer Erde stationierten Streitkräfte anzukämpfen«.[22]

Die Taten lassen nicht lange auf sich warten. Am 25. Juni 1996 fliegt vor dem Wohnkomplex der US-Luftwaffe im saudi-arabischen Dhahran, den Al-Khobar-Towers, ein Tanklastzug in die Luft. Die Explosion hat eine solche Wucht, daß die gesamte Front des achtstöckigen Gebäudes zerstört wird und noch 36 Kilometer weiter, im Golfstaat Bahrain, die Druckwelle zu spüren ist. 19 amerikanische Soldaten sterben, 240 werden verletzt. Offiziell bekennt sich die schiitische Hisbollah später zu der Tat. Bin Laden verkündet in einem Interview mit CNN sogar: »Ich habe vor denen, die das getan haben, großen Respekt. Was sie getan haben, ist eine große Ehre, an der teilzuhaben ich versäumt habe.«[23]

Bin Laden geht noch einen Schritt weiter. Am 23. August 1996 veröffentlicht er unter dem Titel »Gegen die Amerikaner, die die heiligen Stätten besetzt halten – Vertreibung der Ungläubigen von der arabischen Halbinsel« eine 20seitige Fatwa, zu der er nach islamischem Recht eigentlich gar nicht befugt ist. Die Veröffentlichung einer religiösen Entscheidung dieser Art ist nur hohen Geistlichen gestattet. Aber Osama Bin Laden, der seit dem Ende des Afghanistankrieges von einem eigenen Kalifenstaat träumt, stört dies wenig. Er läßt seinen Aufruf an alle Muslime, militärische Ziele der USA oder Israels anzugreifen, im Internet und über arabische Medien verbreiten: »Muslimische Brüder überall auf der Welt! Eure Brüder im Land der beiden heiligen Stätten und in Palästina erbitten Eure Unterstützung. Sie bitten Euch, gemeinsam mit ihnen gegen ihre Feinde vorzugehen, die auch Eure Feinde sind – die Israelis und die Amerikaner –, indem Ihr ihnen so viel Schaden zufügt wie möglich.«[24] Als Absendeort seiner Kriegserklärung ist vermerkt: »Von den Gipfeln des Hindukusch, Afghanistan«.

Im Land der »Kreuzzügler«, wie Osama Bin Laden die Vereinigten Staaten nennt, stehen derweil drei seiner Anhänger vor Gericht, die bereits zuvor versucht haben, den USA »so viel Schaden wie möglich« zuzufügen. Am 5. September 1996 sprechen die Geschworenen in einem New Yorker Gericht die Mitglieder der Operation »Bojinka« Yousef, Murad und Khan des Mordes und des versuchten mehrfachen Mordes für schuldig. Das Gericht verurteilt sie am 5. Dezember 1996 zu lebenslangen Haftstrafen. Die gleiche Strafe erhält auch der flüchtige Mitverschwörer Scheich Mohammed.

Ein halbes Jahr später, am 15. Juli 1997, steht Yousef erneut vor Gericht. Nun muß er sich wegen des Anschlages auf das World Trade Center im Februar 1993 verantworten. In seinem maßgeschneiderten Anzug mit Weste versucht er, eine gute Figur zu machen und die Geschworenen zu beeindrucken. Er weiß, daß es sein letzter öffentlicher Auftritt sein wird, bevor er bis zum Ende seines Lebens hinter Gefängnismauern verschwinden muß. Hartnäckig beteuert Yousef seine Unschuld und leugnet sein Geständnis, das er im Flugzeug vor FBI-Beamten abgelegt hat. Andererseits bekennt er sich stolz zum Terrorismus, da dies die einzige Möglichkeit sei, der »jüdischen Lobby in Washington«, die er für die Politik in Palästina verantwortlich macht, etwas entgegenzusetzen. »Das ist doch die einzige Sprache, die ihr versteht«, ruft er in einer aufgebrachten Situation den Justizvertretern zu.[25]

Der Richter läßt sich nicht provozieren. Im Gegenzug weist er mit dem Koran in der Hand auf Yousef und erklärt: »Ihr Gott ist nicht Allah, Sie verehren statt dessen Tod und Zerstörung.« Er nennt ihn einen »Apostel des Bösen«, der einen Nervenkitzel beim Töten verspüre. Die Entscheidung der Geschworenen ist eindeutig. Am 8. Januar 1998 gibt der Richter das Urteil bekannt. Yousef erhält 240 Jahre Freiheitsentzug. Ein letztes Mal meldet er sich noch zu Wort und verkündet im Gerichtssaal: »Ich bin ein Terrorist, und ich bin stolz darauf.«[26]

Dieser Satz könnte auch von Yousefs Onkel stammen, der währenddessen in der Terrororganisation von Osama Bin Laden regelrecht Karriere macht. Obwohl das FBI ihn steckbrieflich sucht und für seine Ergreifung eine Belohung von zwei Millionen Dollar ausgesetzt hat, reist Scheich Mohammed mit verschiedenen Pässen kreuz und quer durch die Welt. Er fungiert für *Al Qaida* als Kontaktmann und Strippenzieher. Seine gewinnende Art ermöglicht es ihm, überall in der Welt Beziehungen zu Führern regionaler oder lokaler Islamistengruppen aufzubauen. Aus deren Reservoir sucht er die Zuverlässigsten und Wagemutigsten für das Netzwerk von *Al Qaida* aus. In Malaysia gelingt es ihm, den Islamisten Riduan Isamuddin zu rekrutieren.[27] Der gebürtige Indonesier, besser bekannt unter seinem Kampfnamen Hambali, wird alsbald einer der Führer der malayischen Fundamentalistenbewegung *Jemaah Islamiah* sowie Statthalter der *Al Qaida* für den gesamten südostasiatischen Raum. Scheich Mohammed stattet ihn dafür auch mit den erforderlichen Geldern aus. Ohnehin steht er im Ruf, direkten Zugriff auf die Kriegskasse zu haben. Ein Telefonanruf von ihm genügt, und es werden die entsprechenden Summen überwiesen.[28]

Viel Geld wird dafür aufgewendet, junge Rekruten nach Afghanistan zu bringen und sie dort in den Lagern der *Al Qaida* auszubilden. Seit der Eroberung Kabuls durch die Milizen von Mullah Omar Ende September 1996 und der Ausrufung eines islamischen Staates ist es kein Problem mehr, die jungen Dschihadis direkt nach Afghanistan einzufliegen. Bis Ende der 90er Jahre durchlaufen schätzungsweise mehrere Zehntausend die verschiedenen Ausbildungscamps, um anschließend wieder in ihre Heimat- oder Gastländer zurückzukehren und dort entsprechende Zellen aufzubauen.

Für den Werbefeldzug wird eigens ein Medienkomitee[29] gegründet, in dem Scheich Mohammed federführend mitarbeitet. Es hat die Aufgabe, Verlautbarungen von Osama Bin Laden in Videos, auf Flugblättern und auf Webseiten zu verbreiten und den Kampf gegen die Ungläubigen zu propagieren.

Am 22. Februar 1998 läßt Osama Bin Laden auf diesem Weg

seine zweite Fatwa verbreiten. Er erweitert seinen religiösen Bann und fordert die Bildung einer Internationalen Islamischen Front für einen Dschihad gegen Juden und Kreuzzügler. »Im Namen Gottes rufen wir jeden Muslim, der an Gott glaubt und um Vergebung bittet, auf, dem Befehl Gottes zu gehorchen, indem er Amerikaner tötet und ihr Geld stiehlt, jederzeit und wann immer es möglich ist.« Bin Laden rechtfertigt erstmals auch ausdrücklich Angriffe auf Unbeteiligte. »Die Amerikaner und ihre Verbündeten, ob Militärs oder Zivilisten, zu töten und zu bekämpfen ist die Pflicht eines jeden Muslims in jedem Land.«[30]

Neben Osama Bin Laden hat diese Kriegserklärung auch Ayman al-Zawahiri unterschrieben, was auf eine Veränderung in der Organisation deutet. Der promovierte Chirurg aus Ägypten gehörte Ende der 70er Jahre zu den Gründern des Islamischen Dschihad, der unter anderem für das Attentat auf den ägyptischen Staatspräsidenten Anwar al-Sadat 1981 verantwortlich zeichnet. Anfang 1998 hat die Terrorgruppe ihre Eigenständigkeit aufgegeben und ist mit *Al Qaida* zusammengelegt worden, mit al-Zawahiri als neuem stellvertretenden Vorsitzenden.

Osama Bin Laden versucht mit allen Mitteln, die Positionen der Organisation international bekanntzumachen. Nachdem er bereits im Mai 1997 CNN ein Interview gewährt hatte, tritt er im Frühjahr 1998 im Kampfanzug und mit Kalaschnikow in der Hand vor die Kamera eines Fernsehteams des Senders ABC. In dem Interview, das am 28. Mai 1998 bundesweit in den USA ausgestrahlt wird, preist Bin Laden seine inhaftierten Gefolgsmänner Khan und Yousef. »Nach dem Anschlag auf das World Trade Center wurde Ramzi Yousef zu einer muslimischen Berühmtheit, alle Muslime kennen ihn«, erklärt er. »Amerika wird noch viele junge Männer sehen, die Ramzi Yousef nacheifern werden.« Gleichzeitig kündigt er mehr oder weniger unverblümt weitere Anschläge an: »Ich prophezeie Amerika bald einen Schwarzen Tag.«[31]

Am 7. August 1998 explodieren dann im Minutenabstand zwei gewaltige Autobomben vor den amerikanischen Botschaftsgebäuden in Kenia und Tansania. Besonders in Nairobi, wo der Sprengsatz um 10.35 Uhr Ortszeit explodierte, hat die Wucht der Detonation eine verheerende Wirkung. Menschen fliegen durch die Luft, Splitter durchschlagen vorbeifahrende Busse, Hauswände stürzen ein. Selbst Stahltüren in der US-Botschaft werden aus ihren Angeln gerissen. Im weiten Umkreis zerspringen die Fensterscheiben. Auch in Daressalam verwandelt die Explosion das Diplomatenviertel in ein Chaos aus Flammen, Rauch und Schutt. Insgesamt sterben bei den beiden Attentaten 263 Menschen, mehr als 4500 werden verletzt.

Die Bilder von den zerstörten US-Botschaften in Kenia und Tansania ähneln erschreckend jenen von dem Anschlag auf das World Trade Center fünf Jahre zuvor. Tatsächlich führen die Spuren auch nach New York. Die Attentäter hatten logistische und organisatorische Unterstützung aus Manhattan erhalten, und zwar von militanten Islamisten aus dem Umfeld des »blinden Scheichs«, wo auch Yousef einst seine Helfer rekrutiert hatte. Aber wer der Hauptschuldige ist, steht für die Ermittler bald fest: Osama Bin Laden. Abgehörte Satellitentelefone sowie die Verhaftung eines Attentäters, der in allerletzter Sekunde ausgestiegen ist, bringen das FBI auf die Spur des Terrorpaten. Die Antwort der USA läßt nicht lange auf sich warten. Zwei Wochen später, am 20. August 1998, zerstören im Rahmen der Operation »Infinite Reach« (Grenzenloser Zugriff) mehrere Marschflugkörper im Sudan eine Chemiefabrik, in der nach Informationen der CIA an der Herstellung chemischer Kampfstoffe für *Al Qaida* gearbeitet wird, und ein afghanisches Ausbildungslager bei Khost, in dem Osama Bin Laden Monate zuvor gegenüber ABC-Journalisten die Terroranschläge gegen die Vereinigten Staaten angekündigt hatte.

Nachdem die ersten Tomahawk-Raketen in den Lagerkomplex mit sechs Stützpunkten und etwa 600 *Al-Qaida*-Kämp-

Am 7. August 1998 zerstören zwei schwere Anschläge die US-Botschaften in Kenia (Foto) und Tansania. Dabei sterben 263 Menschen, mehr als 4500 werden verletzt.

fern eingeschlagen sind, rast ein Konvoi mit vierradgetriebenen Geländewagen aus einem der Lager heraus. Wenige Minuten später verläßt ein zweiter Konvoi den Komplex. Die erste Gruppe wird angeführt von Scheich Mohammed.[32] Sie fungiert als Lockvogel. Die Angreifer mit ihrer Satellitenüberwachung sollen denken, daß sich Osama Bin Laden in einem der Wagen befindet. Tatsächlich sitzt der Terrorpate aber in einem der Autos des zweiten Konvois, der in eine andere Richtung davonfährt.

Der »grenzenlose Zugriff« erweist sich als Fiasko. Weder gelingt es, einen Verantwortlichen zu ergreifen, noch Bin Laden zu töten oder die Infrastruktur der *Al Qaida* zu zerstören. Zudem stellt sich heraus, daß die CIA Falschinformationen aufgesessen war und in der Fabrik im Sudan keine chemischen Kampfstoffe, sondern Medikamente hergestellt werden.

Am 4. November 1998 erhebt die US-Bundesanwaltschaft Anklage gegen Osama Bin Laden und ein Dutzend weiterer Islamisten, die der Mitgliedschaft bei *Al Qaida* verdächtigt werden. In der 50seitigen Anklageschrift werden Bin Laden und seine Organisation beschuldigt, die Anschläge auf die US-Botschaften in Ostafrika sowie auf Militäreinrichtungen in Somalia und Saudi-Arabien verübt zu haben. Erstmals wird *Al Qaida* offiziell als eine Organisation eingestuft, die Terroristen ausbildet und versteckt sowie Geldmittel für Anschläge zur Verfügung stellt und zur Ermordung amerikanischer Staatsbürger aufruft.[33]

Osama Bin Laden sieht das anders. »Ich habe keinen Befehl [für die Attentate in Ostafrika] gegeben, aber ich freue mich sehr darüber, was den Amerikanern da unten passiert ist«, erklärt er am 22. Dezember 1998 gegenüber einem Journalisten des US-Magazins *Newsweek*. »Wenn die Amerikaner kleine Kinder in Palästina umbringen, wenn die Amerikaner Unschuldige im Irak töten und wenn die Mehrheit der Amerikaner diesen lasterhaften Präsidenten unterstützt, dann bedeutet das, daß das amerikanische Volk sich im Krieg mit uns befindet und wir das Recht haben, unsere Waffen gegen es zu richten.«[34]

Über den wirkungsvollsten Einsatz von Waffen machen sich innerhalb der *Al Qaida* verschiedene Spezialisten Gedanken. So erhält Ayman al-Zawahiri, der Stellvertreter von

Osama Bin Laden, von einem Kommandeur einen Brief, in dem nicht nur die bisherigen »Anstrengungen und Mühen« gepriesen werden, die die Anführer der Organisation unternommen haben, um »die Feinde Gottes zu quälen«.[35] Sondern es wird zugleich deutlich mehr gefordert: »Wir sollten nun nicht nach einfacheren Angriffszielen Ausschau halten, sondern nach strategischen Einrichtungen und Gebäuden, deren Vernichtung dem Feind schweren Schaden zufügt, und wir uns somit ausreichend an ihm rächen würden.«

Anfang 1999 beginnen Scheich Mohammed und die Führungsspitze von *Al Qaida* darüber nachzudenken, wie man den Vereinigten Staaten einen solchen empfindlichen Schlag zufügen könnte. Er sollte alles bislang Dagewesene übertreffen und ein Fanal setzen. Eine Neuauflage der Operation »Bojinka« scheint dafür nicht geeignet. Gedacht ist eher an einen Anschlag, der möglichst Tausende an Opfern fordert und einem Kriegsakt gleichkommt.[36] Gleichzeitig sollte der Angriff innerhalb der USA stattfinden, und zwar auf eine Einrichtung mit Symbolcharakter.

Im Kopf des kleinen, dicken Mannes nimmt im Frühjahr 1999[37] allmählich die Idee Gestalt an, die früheren Pläne seines Neffen Yousef miteinander zu kombinieren: die Zerstörung US-amerikanischer Verkehrsmaschinen und der Einsturz des World Trade Center. Scheich Mohammed ist sich dessen bewußt, daß für eine solche Operation mehr Geld und Zeit sowie eine bessere Planung und Organisation erforderlich sind. Vor allem müssen geeignete Kandidaten gefunden werden, die sowohl das Fachwissen und die kühle Intelligenz seines Neffen haben als auch die Bereitschaft mitbringen, für die Sache in den Märtyrertod zu gehen. Denn die Kombination beider Anschlagskonzepte kann nur dann erfolgreich sein, wenn die Auserwählten binnen kurzer Zeit erfolgreich eine Pilotenausbildung absolvieren und dann mit entführten Verkehrsmaschinen als Kamikaze in das World Trade Center hineinrasen.

Die Operation »Heiliger Dienstag«

Die Hamburger Terrorzelle um Mohammed Atta und Ramzi Binalshibh – Anschlag auf das US-Kriegsschiff USS Cole (2000) – Vorbereitung der Hamburger Zelle und ihrer Helfershelfer auf die Attentate in New York und Washington – Die Anschläge vom 11. September 2001

Im Frühjahr 1999 diskutieren die Mitglieder der »Islam Arbeitsgemeinschaft« an der Technischen Universität Hamburg-Harburg über die Situation in der muslimischen Welt und die Bedrohung durch Israel. »Die Juden wollen den Islam ausrotten«, erklärt einer der Studenten.[1] Ein anderer verstärkt die antisemitische Grundstimmung in der Gruppe noch, bis schließlich einer ausspricht, was vermutlich die meisten denken: Der »Massenmord an den Juden im Dritten Reich« war richtig und ist zu begrüßen.[2] Einigkeit herrscht auch darüber, daß die Vereinigten Staaten von Amerika verantwortlich sind für die Unterdrückung der Muslime in Palästina und anderswo auf der Welt. New York verstehen die Anwesenden als das »Zentrum der jüdischen Machtausübung«.

Einer der Wortführer ist Ramzi Binalshibh. Der 1,72 Meter große Jemenit mit dunklen Augen und lichtem schwarzem Haar hat vor wenigen Wochen mit seinen Freunden die Islam AG gegründet. Die beteiligten Studenten kommen aus Marokko, Ägypten, Libanon, den Vereinigten Arabischen Emiraten und dem Jemen. Ein Deutscher ist auch darunter, Kind deutsch-arabischer Eltern, zerrissen zwischen zwei Kulturen und auf der Suche nach einer eigenen Identität.

Zunächst hatte die Universitätsverwaltung auf die geplante AG-Gründung sehr zurückhaltend reagiert, doch dann hatten die Studenten in einem offiziellen Schreiben einen Raum zum Beten und Diskutieren gefordert, »nach dem Vorbild unserer evangelischen Kommilitonen«. Die Zulassung der Islam AG, erklärten sie, sei »ein Signal für Toleranz« an der TU.[3] Das Argument stach. Ende Januar 1999 bekamen sie einen 14 Quadratmeter großen Gebetsraum in einer Holzbaracke am Nordrand des Campus zugewiesen. Dort sind noch andere Studenteninitiativen untergebracht. Die Islam AG erhielt den Raum Nummer 10, direkt neben dem Zimmer der Amateurfunker. Stolz brachten sie ein Schild mit der Aufschrift »Islam AG/ Gebetsraum« zusammen mit einem Foto aus Mekka an der Tür an. Von den hitzigen Diskussionen in den folgenden Wochen bekommen weder die Amateurfunker noch die anderen Initiativgruppen etwas mit.

Ramzi Binalshibh ergreift hier immer öfter das Wort. Der 27jährige wirkt welterfahren und hat ein gewinnendes Wesen. Im Gegensatz zu manchen Eiferern in der Gruppe ist er immer höflich, unternehmungslustig und vor allem einfallsreich. Auf vielfältige Weise versucht er, sich für die Sache des Islam einzusetzen. Nach der Gründung der AG unternimmt er einen Vorstoß beim Fernsehsender *Offener Kanal Hamburg*, um im Namen eines »Arabischen Kulturvereins e.V.« Sendezeit zu bekommen. »Die Wunder des Korans« soll sein geplanter Fernsehbeitrag heißen, den er sowohl in deutsch als auch in englisch, französisch und russisch sowie arabisch und Urdu ausstrahlen will. »Es sollen in diesem Beitrag einige Stellen des Korans zitiert, erläutert und mit den Erkenntnissen der modernen Wissenschaften verglichen werden«, schreibt er an den Sender. Doch dort läßt man sich auf verdeckte Religionspropaganda nicht ein.

Nun setzt sich Binalshibh innerhalb der Islam AG dafür ein, nicht beim Reden stehenzubleiben, sondern auch Taten folgen zu lassen. Immer deutlicher ruft er zu Aktionen gegen die erklärten Feinde auf. Konkret verlangt er: »Man muß in bezug auf Amerika etwas tun!«[4] Einer der Studenten äußert daraufhin die Ansicht, die Muslime seien gegenwärtig militärisch und wirtschaftlich zu schwach, um gegen Staaten wie die USA vorgehen zu können. »Nein, man kann etwas tun«, springt

Binalshibhs Freund Mohammed Atta ihm zur Seite. »Es gibt Wege. Die USA sind keine Allmacht.«[5]

Der eher schmächtige Ägypter gehört zu den Gründern der Islam AG und wird von der Gruppe als einer der Wortführer respektiert. Atta ist gebildet, charismatisch und hängt der Vision von einem Gottesstaat an, der vom Nil bis zum Euphrat reicht, frei von Juden. An der Harburger TU studiert er Städtebau und bereitet sich gerade auf das Diplom vor. Das Thema seiner Arbeit ist die Stadtplanung im syrischen Aleppo. Die Widmung dafür hat er bereits entworfen: »Mein Gebet und mein Opfer, mein Leben und mein Tod gehören Allah, dem Herren der Welten.« Atta ist bereits seit sieben Jahren in Deutschland. Wie die meisten aus der Islam AG, die in Hamburg Elektrotechnik, Flugzeugbau oder Medizintechnik studieren, ist er nur wegen der Ausbildung nach Deutschland gekommen.

Etwas anders verhält es sich dagegen bei Binalshibh. Als er am 27. September 1995 im schleswig-holsteinischen Pinneberg einen Asylantrag stellte, gab er an, vor fünf Tagen mit dem Schiff nach Deutschland gekommen zu sein. Er legte einen Ausweis vor, ausgestellt auf den Namen Ramzi Mohammed Abdullah Omar, und behauptete, ein politisch Verfolgter zu sein. Er sei Student, erklärte er dem Beamten, und komme aus dem Sudan. Bei einer Demonstration in Khartum sei er verhaftet und gefoltert worden. Doch irgendwelche Belege konnte er nicht vorweisen. Vier Monate später wurde sein Asylantrag abgelehnt. Sofort tauchte er unter. Die Polizei schrieb ihn zwei Jahre später, am 25. Mai 1998, unter dem Namen Ramzi Mohammed Abdullah Omar schließlich »zur Festnahme zwecks Ausweisung/Abschiebung«[6] aus.

Zu diesem Zeitpunkt war er jedoch längst wieder aufgetaucht, diesmal mit seinem richtigen Familiennamen und einem jemenitischen Reisepaß. Um ein Visum zu erhalten, gab er vor, ein Studium aufnehmen zu wollen. Als Bürgschaft präsentierte er den Behörden das Schreiben eines Sudanesen,

Inhaber einer Import-Export-Firma in Pinneberg. Der Firmenchef garantiert darin, Binalshibhs Studium mit monatlich 950 Mark zu finanzieren. Daß der Bürge seit Anfang der neunziger Jahre polizeilich bekannt ist, bemerkte das Ausländeramt nicht. Es handelt sich um einen bereits rechtskräftig verurteilten Waffenhändler, unter anderem beteiligt an einer Lieferung von Militärflugzeugen im Wert von 650 Millionen US-Dollar in den Iran.

Binalshibh bekommt seine zeitweilige Aufenthaltsgenehmigung und kümmert sich dem äußeren Anschein nach auch um einen Studienplatz. Doch die Sprachprüfung beim Studienkolleg in Münster besteht er ebensowenig wie ähnliche Aufnahmetests an der Universität in Halle-Wittenberg oder an der Hochschule in Wismar. Schließlich gelingt ihm die Zulassung zum Studienkolleg der Universität Hamburg, allerdings wird er hier wenig später wegen Nichtbeteiligung wieder exmatrikuliert, was sich dann noch einmal an der Hamburger Hochschule für Wirtschaft und Politik wiederholt. Hier reicht er zu der ersten Prüfung keinerlei Unterlagen ein.

Im Gegensatz zu seinen Freunden aus der Islam AG, die eifrig büffeln, ist das für Binalshibh aber kein Problem, denn er ist auch nicht zum Studieren nach Deutschland gekommen. Die Aktivitäten an den Universitäten dienen lediglich dazu, die Aufenthaltsgenehmigung jeweils verlängert zu bekommen. Zu guter Letzt behilft er sich dabei sogar mit gefälschten Semesterbescheinigungen. Ihm geht es eigentlich um etwas ganz anderes. Die Familie von Binalshibh gehört zum Netzwerk der *Al Qaida*, und in Deutschland sollen neue Kämpfer rekrutiert werden. Der 27jährige ist in Hadramaut, im Osten des Jemen, aufgewachsen, in jener Region, aus der ursprünglich auch der Clan von Osama Bin Laden stammt. Die Familien sind auf vielfältige Weise miteinander verbunden, und manch einer von Ramzi Binalshibhs Verwandtschaft hat inzwischen den »Bayat« abgelegt, den Treueschwur der Terrororganisation, in dem er sich ganz dem Dschihad ver-

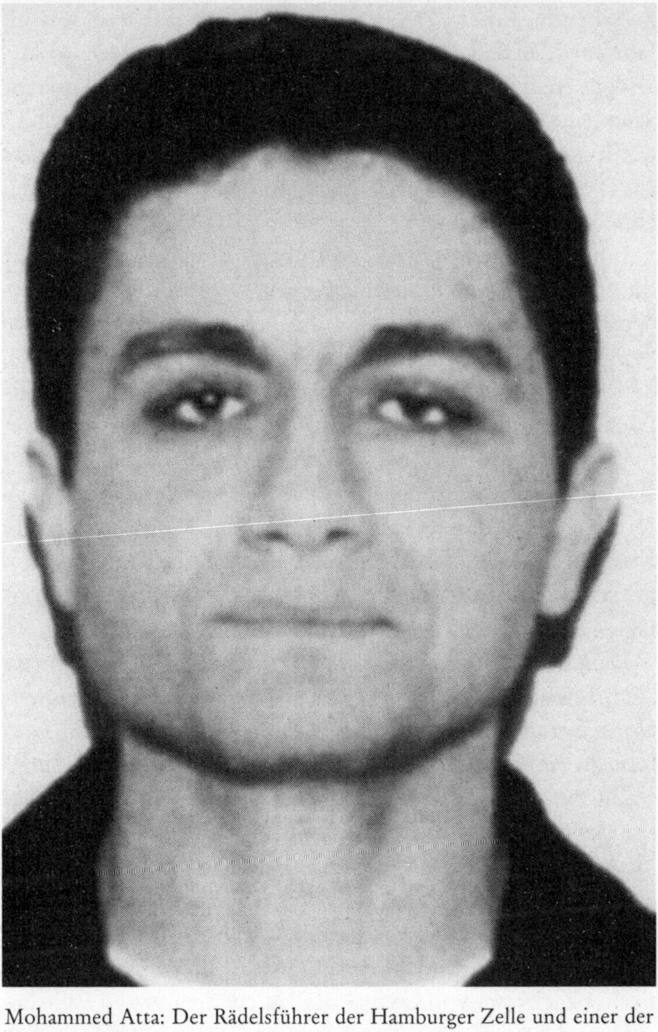

Mohammed Atta: Der Rädelsführer der Hamburger Zelle und einer der Selbstmordpiloten vom 11. September 2001.

schreibt und unbedingten Gehorsam gegenüber dem »Emir« Osama Bin Laden gelobt.[7] Dazu gehört auch die Verpflichtung, jeden zu töten, der im Verdacht steht, gegen *Al Qaida* zu arbeiten. Einer der Onkel von Ramzi Binalshibh war im Jahr zuvor an den Anschlägen auf die US-Botschaften in Ostafrika beteiligt. Er unterhält in der jemenitischen Hauptstadt Sanaa eine konspirative Wohnung, über deren Telefonanschluß wichtige Informationen von Zellenmitgliedern der *Al Qaida* aus aller Welt laufen und an das Hauptquartier von Osama Bin Laden in Afghanistan weitergegeben werden.[8]

Innerhalb der Islam AG versteht es Binalshibh, geschickt für die Ideen von *Al Qaida* zu werben. Dafür stellt er unter anderem Videos zur Verfügung, auf denen Religionsgelehrte ihre Sympathie für Osama Bin Laden und dessen Ziele zum Ausdruck bringen. Die Kassetten stammen zumeist aus Saudi-Arabien. Einige enthalten regelrechte Haßpredigten und Berichte über Fatwas, die mit Maschinengewehrsalven unterlegt sind. »Gott töte die Juden und ihre Unterstützer, Gott reinige Jerusalem von ihnen, Gott lasse ihre Frauen Witwen und ihre Kinder Waisen werden und mache sie zur Beute der Muslime«, hetzt auf einer der Videoaufnahmen ein Imam in seiner Freitagspredigt.[9]

Daneben bietet Binalshibh den Mitgliedern der Islam AG auch Bücher aus seinem Besitz an, die ihm einst gewidmet worden sind. In einem wird der »ehrgeizige junge Mann« gelobt, in einem anderen würdigt der Schenkende, daß Binalshibh mit den »Guten der muslimischen Jugend in der Diaspora« freundschaftliche Bande pflegt.[10] So findet sich in der kleinen Bibliothek der Islam AG bald auch ein dickes, weiß eingebundenes arabisches Buch mit Goldschrift auf dem Einband. Der Titel lautet »Die weltweite Verschwörung«. Verfasser ist der Mitbegründer der *Al Qaida* Abdullah Azzam, politischer Ziehvater von Osama Bin Laden, der 1989 in Pakistan auf ungeklärte Weise einem Bombenanschlag zum Opfer fiel. Das Buch gilt als die Bibel der Mudschaheddin, eine religiöse Rechtfertigung für den Heiligen Krieg. »Der Dschihad hat Vorrang vor allen religiösen Handlungen, auch vor dem Gebet«, heißt es darin.[11] Da der Dschihad Tötung bedeutet und auch den möglichen Tod des Gotteskriegers mit einbezieht, wird von Azzam zugleich der Märtyrertod verherrlicht. Ein Leben im Jenseits sei dem Dasein im Diesseits allemal vorzuziehen. Mit einem »Zeugnis nach einem vierjährigen Studium kannst du eine Stelle mit 2000 Dirham bekommen. Hier gibt es dagegen ein Zeugnis, mit dem du das Paradies, das so groß wie Himmel und Erde ist, betreten kannst«, preist der *Al-Qaida*-Vordenker das Jenseits. »Dort dienst du 20 Jahre und kannst ein bißchen Geld sparen und irgendeine Frau heiraten. Hier wirst du mit 70 Jungfrauen verheiratet werden. Dort kriegst du zwei Zimmer, hier bekommst du Paläste.«[12]

Binalshibh macht sich diese Argumentation zu eigen und trägt sie geschickt in die Islam AG hinein. »Was bringt dieses Leben?« fragt er an einem Nachmittag beiläufig seine Freunde. »Das Paradies ist viel schöner.«[13] Die intensive Auseinandersetzung mit den Werken Azzams verfehlt offensichtlich nicht ihre Wirkung. »Wer für seinen Glauben stirbt, ist ein Märtyrer«, erklärt eines Tages Said Bahaji voller Überzeugung.[14] Der 24jährige ist Sohn eines marokkanischen Landwirtes und einer deutschen Hausfrau. In Deutschland geboren und aufgewachsen, ging er als Teenager mit seinen Eltern nach Marokko. Zum Studium kehrte er nach Deutschland zurück und schrieb sich in Hamburg-Harburg für Elektrotechnik ein. Als deutscher Staatsbürger zur Bundeswehr eingezogen, ließ er sich dort wegen einer Asthma- und Allergieerkrankung ausmustern. Für den Dschihad steht er dagegen voll zur Verfügung, denn in der »Armee Gottes«, so Azzam, müsse jeder dienen, da der Dschihad »um jeden Preis fortgesetzt werden« soll. Bahaji ist dazu bereit und erklärt in der Islam AG, für seinen Glauben gegebenenfalls auch zu töten.[15]

In den insgesamt drei Büchern Azzams, die zur Bibliothek der Islam AG gehören, finden sich auch ganz praktische Hinweise für den Einsatz kampfeswilliger junger Männer. »Osama Bin Laden hat gesagt: Jedem Araber, der zum Dschihad kommen will, werde ich sein Ticket und seine Reise mit seiner Familie finanzieren«, heißt es in einem der Werke. »Wir sind bereit, Amerika zu bekämpfen, genauso wie wir Rußland bekämpft haben«, schreibt Azzam an anderer Stelle. »Wir werden eines der beiden Ziele erreichen, entweder den Märtyrertod oder den Sieg.« Zur Kontaktaufnahme wird auch gleich eine Adresse mitgeliefert: »P. O. Box 1395, Peschawar, Pakistan«.[16]

Die Beschäftigung mit dem Dschihad und *Al Qaida* bleiben nicht auf den Gebetsraum in der Technischen Universität beschränkt. Die eigentlichen Gespräche finden abends in der gemeinsamen Unterkunft von Binalshibh, Atta und Bahaji statt. In Laufentfernung zur Universität haben sie in der Marienstraße 54 eine knapp 60 Quadratmeter große Drei-Zimmer-Wohnung gemietet. Als Verwendungszweck tragen sie auf dem Mietüberweisungsschein ein: »Dar al-Ansar«, Haus der Unterstützer. So hieß auch eines der ersten »Gästehäuser« von Osama Bin Laden in Pakistan, wo sich während des Afghanistankrieges jene Mudschaheddin trafen, die später die Basisgruppe von *Al Qaida* bildeten.

In der Marienstraße 54 in Hamburg-Harburg trifft sich nun im Jahre 1999 regelmäßig auch der harte Kern der Islam AG. Marwan al-Shehhi aus den Vereinigten Arabischen Emiraten, der anfangs in Bonn studierte und dann zum Wintersemester 1999/2000 an die Hamburger TU zum Schiffsbaustudium wechselt, wohnt hier zeitweise auch, ebenso wie der Marokkaner Mounir al-Motassadeq, Student der Elektrotechnik. Regelmäßig zu Besuch kommt der Libanese Ziad Jarrah, der an der Hamburger Fachhochschule Flugzeugbau studiert. Alle sind irgendwie fremd in der Zwei-Millionen-Metropole Hamburg. Mit den kühlen Hanseaten werden sie nicht warm und finden eher Halt beieinander. Gemeinsamer Bezugspunkt ist für sie zudem die Al-Kuds-Moschee am Steindamm, nahe dem Hamburger Hauptbahnhof. Dort werden noch klare Werte vermittelt, die ihnen etwas Orientierung in einer Umgebung voller Laster geben. Sie ist für sie wie eine Insel der Geborgenheit.

Die Moschee, die beim Verfassungsschutz als bevorzugter Treffpunkt radikaler Muslime gilt, befindet sich in einer der vernachlässigten Gegenden der Hamburger Innenstadt. Prostituierte, Drogenabhängige und Dealer bestimmen hier das Straßenbild. Der Eingangsbereich zur ständig geöffneten Moschee liegt zwischen einem Body-Building-Center und einem Kaffeeladen, daneben gibt es reichlich Sexshops und Spielhallen. Die Räumlichkeiten des Gotteshauses sind schlicht, die Wände lediglich mit einigen Versen aus dem Koran verziert. Überall liegen graue Teppiche auf dem Boden, bis zu 150 Personen können hier gleichzeitig beten.

Am 9. Oktober 1999 treffen sich die Freunde in der Al-Kuds-Moschee zu einem besonderen Anlaß: Said Bahaji, der Mitbewohner von Atta und Binalshibh, heiratet. Auf der Hochzeit sind lediglich Männer und Kinder anwesend. Der Bräutigam hat an einem Tisch Platz genommen. Vor ihm sitzen 50 Männer auf dem Boden. Nach der Ansprache des Bräutigams singen vier Hochzeitsgäste ein altes Kampflied: »Wenn einer seine Wangen mit Tränen verfärbt, so sind unsere Kehlen mit unserem Blut verfärbt.« Danach ergreift Binalshibh das Wort und schwärmt von den islamischen Eroberungsfeldzügen des osmanischen Reiches und der Besetzung von Konstantinopel. Er setzt sich für seine Ausführungen neben den Bräutigam an den Tisch.

Nun hetzt Binalshibh seine Freunde noch einmal richtig auf. Der islamische Boden müsse »von jedem Unterdrücker und jedem Tyrannen befreit« werden, verkündet er. Inbrünstig rezitiert er dann ein Gedicht, worin den Unterdrückern angekündigt wird, daß sie jeden Angriff mit »einer Welle aus Feuer und Blut« beantwortet bekommen.[17]

Anschließend wird wieder gesungen. »Gekommen bin ich in dieses Leben, welches nur ein kurzfristiger vergänglicher Genuß ist, eine Durchreise, ein Kampf«, singen drei Gäste. »Meine Augen sind voll des Lichts, mir gehören die Paradiesjungfrauen.«

Die Radikalisierung der Studenten hat – vergleichbar zur Situation in den USA – erst in Europa begonnen. Die wenigsten Mitglieder der Islam AG kommen ursprünglich aus einem religiösen Elternhaus. Ziad Jarrah beispielsweise, der libanesische Flugzeugbaustudent, ist zu Hause eher als Frauenheld bekannt, der gerne auf Festen ausgelassen tanzt und auch Alkohol trinkt. Aber in Hamburg hat er sich durch seine neuen Freunde aus der Al-Kuds-Moschee allmählich verändert und lebt inzwischen nach den strengen Gesetzen des Korans. Von seiner Freundin forderte er zunächst, sie solle ein Kopftuch tragen. Nunmehr verlangt er auch, daß sie ihr Medizinstudium abbricht. Immer öfter spricht er ihr gegenüber vom Dschihad und daß es eine Ehre sei, für Allah und seinen Glauben zu sterben.[18]

Vielen aus der Gruppe ist die Wandlung zum strenggläubigen Muslim auch äußerlich anzusehen. Sie haben sich längere Bärte wachsen lassen und tragen mitunter einen Kaftan. Mohammed Atta verfaßt in der Al-Kuds-Moschee mit 28 Jahren sein Testament und läßt es von zwei seiner Freunde bezeugen. Schließlich kann man nie wissen, wann man zum Dschihad gerufen wird. Detailliert legt er fest, wie mit ihm nach seinem Tod verfahren werden soll: »Weder schwangere Frauen noch unreine Personen sollen von mir Abschied nehmen – das lehne ich ab«, schreibt er. »Jene, die meinen Leichnam waschen, sollen gute Muslime sein. (...) Derjenige, der meinen Körper rund um meine Genitalien wäscht, sollte Handschuhe tragen, damit ich dort nicht berührt werde.«[19]

Als Einpeitscher in der Al-Kuds-Moschee gilt Haydar Zammer.[20] Der 140-Kilo-Mann, den alle nur »Bruder Haydar« nennen, tritt auch ziemlich unverhohlen als Werber für *Al Qaida* auf. Der gebürtige Syrer, der bereits seit 1982 über einen deutschen Paß verfügt, fühlt sich in Hamburg sicher. Er ist sechsfacher Familienvater und lebt von Sozialhilfe und Kindergeld. Ungefragt rühmt er sich immer wieder seiner Taten in Bosnien und Tschetschenien, wo er militärisch gegen die

Ungläubigen gekämpft haben will. Jungen Männern, die sich von seinen Erzählungen beeindruckt zeigen, bietet er an, Reisen nach Afghanistan zu vermitteln, wo sie sich in den Trainingslagern der *Al Qaida* ausbilden lassen können.

»Bruder Haydar« schwärmt auch auf der Hochzeitsfeier von Afghanistan, denn er weiß, daß in wenigen Wochen mehrere der anwesenden Freunde dorthin aufbrechen werden. Sie haben sich entschieden, mit ihrem Glauben Ernst zu machen und sich auf den Heiligen Krieg vorzubereiten. Obwohl sie sich Verschwiegenheit über ihr Vorhaben geschworen haben, verliert einer von ihnen kurz vor der Abreise die Beherrschung. Bei einem Streit in der Bibliothek des Rechenzentrums der Universität Hamburg ereifert sich Marwan al-Shehhi, Mitbewohner der Marienstraße 54: »Clinton und die USA sind Scheiße! (...) Ihr werdet noch sehen, es wird Tausende von Toten geben, ihr werdet noch an mich denken.«[21]

Ende November 1999 geht es dann los. Zeitversetzt reisen al-Shehhi, Atta und Jarrah nach Afghanistan. Atta fliegt am 29. November mit Turkish Airlines, Flug 1662, über Istanbul nach Karatschi, von wo es dann nach Afghanistan weitergeht. In einem Abstand von jeweils ein paar Tagen folgen ihm al-Shehhi und Jarrah.

Im südafghanischen Kandahar tritt derweil unter der Federführung von Scheich Mohammed das Militärkomitee der *Al Qaida* zusammen. In dem Gremium, dem nur noch der Beratungsrat »majlis al-shura« übergeordnet ist, werden die »militärischen Operationen« der Terrororganisation erörtert, geplant und verabschiedet.[22]

Einigkeit herrscht unter den Militärstrategen, daß nach den Anschlägen auf die US-Botschaften in Ostafrika als nächstes nun amerikanische Ziele direkt in den USA angegriffen werden sollen. Den »Kreuzzüglern« will man auf ihrem eigenen Territorium einen vernichtenden Schlag versetzen. Das

Ausmaß des Anschlages und die Anzahl der Toten sollen die vorherigen Aktionen noch übertreffen. Debattiert wird deshalb darüber, ob auch nukleare Ziele wie Atomkraftwerke angegriffen werden sollen. Aber die Mehrheit spricht sich dagegen aus, da man die Folgen eines solchen Anschlages nicht kalkulieren könne.[23] Favorisiert wird schließlich der Plan von Scheich Mohammed, Verkehrsflugzeuge zu entführen und in wichtige Gebäude in den USA stürzen zu lassen.

Nun geht es um die Umsetzung der Idee, und Scheich Mohammed weiß von der mißglückten Operation »Bojinka« noch sehr gut, wie schwierig es ist, einen solchen Anschlag ohne Probleme umzusetzen. Es gilt, geeignete Kandidaten zu finden, die einerseits über genügend Intelligenz, Geschick und Englischkenntnisse verfügen, um in den USA erfolgreich eine Pilotenausbildung zu absolvieren, und die andererseits so weit in ihrem Glauben gefestigt sind, daß sie auch bereit sind, für ihre Visionen zu sterben.

Die Führungsmitglieder von *Al Qaida* schicken Scheich Mohammed in den folgenden Wochen mehrere Anwärter. Auch Osama Bin Laden selbst empfiehlt ihm einige seiner Besten, die in den Ausbildungslagern durch besondere Entschlossenheit und Umsicht aufgefallen waren.[24] Scheich Mohammed prüft sie dann und testet ihre Fähigkeiten zur Konspiration. Auf keinen Fall, so schärft er ihnen ein, dürfen sie am Telefon oder in E-Mails offen über ihre Vorhaben reden. Jede noch so beiläufige Nachricht muß verschlüsselt werden. So sollen sie geplante Anschläge etwa mit dem Wort »Hochzeit« umschreiben und für die Übermittlung von Daten oder Telefonnummern einen bestimmten Zahlencode benutzen.[25] Wichtige Absprachen dürfen nur bei persönlichen Treffen vorgenommen werden. Nach vielen Gesprächen steht zum Jahresende 1999 ziemlich genau fest, wer für die große Operation in Frage kommt. Die frisch angereisten Studenten aus Hamburg gehören dazu. Im Gästehaus »Beit Al-Ghumad« in Kandahar legen die drei auch den »Bayat«, den Treueschwur der *Al Qaida*, ab.

Die beiden Rädelsführer der Hamburger Zelle mit ihren Freunden in der Al-Kuds-Moschee: Ramzi Binalshibh (4. v. r. stehend) und Mohammed Atta (2. v. r. hockend).

Atta, Jarrah und al-Shehhi werden nun von Scheich Mohammed schrittweise auf ihre neue Aufgabe vorbereitet. Unabhängig voneinander sollen sie in die USA reisen und dort eine Pilotenausbildung absolvieren. Technische Vorkenntnisse seien ja vorhanden. Mit zur Gruppe gehören noch die beiden Saudis Nawaf al-Hazmi und Khalid al-Midhar, die sie im Gästehaus kurz darauf kennenlernen.[26] Der Countdown hat begonnen.

In Hamburg beginnt Binalshibh mit den ersten Vorbereitungen für die Operation. Er übernimmt es, die lange Abwesenheit der drei zu legitimieren. Den Mitgliedern der Islam AG erzählt er, Atta hätte sich für ein Gastsemester in Malaysia entschieden, auch die anderen würden vorübergehend im Ausland studieren. In Wirklichkeit ist es Binalshibh selbst, der sich Anfang 2000 nach Malaysia begibt, denn dort ist ein Treffen der führenden Mitglieder der *Al Qaida* anberaumt.

Kuala Lumpur galt ihnen als idealer Ort für ein konspiratives Treffen dieser Art. Die Stadt ist von allen größeren Flughäfen der Welt problemlos zu erreichen. Zudem hat Malaysia bereits vor Jahren den Islam zur Staatsreligion erkoren. In einer konspirativen Wohnung der Terrororganisation am Stadtrand der Millionen-Metropole trifft sich Binalshibh dann am 5. Januar 2000 mit Mitgliedern der Führungsebene der *Al Qaida*. Es geht um die weitere Vorgehensweise für die geplanten Anschläge in den USA. Auch die beiden Saudis, die für die Pilotenausbildung erwählt worden waren, sind anwesend.

Al-Midhar, ein Verwandter von Binalshibh, und dessen Kompagnon al-Hazmi reisen am 15. Januar 2000 weiter nach Los Angeles. Beide besitzen ein sogenanntes 2-B-Visum, womit sie beliebig oft in die USA einreisen können. Al-Midhar nimmt einen Flug über Bangkok, al-Hazmi fliegt über Hongkong. Von Los Angeles geht es dann weiter nach San Diego, wo die beiden sich bei mehreren Flugschulen vorstellen. Wenn alles nach Plan läuft, werden sie die USA bis zum Ende ihres Lebens nicht mehr verlassen. Die ersten beiden Kandidaten des Selbstmordkommandos sind nun im Zielland sicher plaziert.

Binalshibh trifft nach seiner Rückkehr in Hamburg im März 2000 wieder mit Atta, al-Shehhi und Jarrah zusammen. Sie müssen sich erst noch Visa für die USA besorgen. Als erstes melden die drei zeitversetzt auf dem Hamburger Einwohnermeldeamt den Verlust ihrer Ausweise. Um Einreisegenehmigungen für die USA problemlos erhalten zu können, brauchen sie »saubere« Ausweispapiere, also ohne Einreisestempel aus Pakistan und Afghanistan.

Parallel dazu macht sich Atta ans Werk, per E-Mail 31 Flugschulen in den USA anzuschreiben. »Wir sind eine kleine Gruppe junger Männer aus verschiedenen arabischen Ländern. Seit einiger Zeit leben wir zwecks Studiums in Hamburg. Wir möchten gern mit der Ausbildung für Flugzeug-Berufspiloten beginnen«, heißt es darin. »Es wäre auch hilfreich, etwas über die Dauer und die Flugzeugtypen, die beim Training eingesetzt werden, zu erfahren.«[27]

Die Rechnung geht auf. Tatsächlich bekommen die drei mit ihren neuen Ausweisen gleich im ersten Anlauf die Visa für die USA. Danach macht sich einer nach dem anderen auf den Weg über den großen Teich. Al-Shehhi fliegt am 29. Mai 2000, vier Tage später folgt Atta. Kurz darauf beginnen die beiden in Venice im Bundesstaat Florida bei der Flugschule »Huffman Aviation« mit ihrer Pilotenausbildung. Einen Monat später reist auch Jarrah in die USA ein. Er hat sich ebenfalls in Venice für eine Pilotenausbildung angemeldet, allerdings bei der Flugschule »Florida Flight Training Center«. Damit sind nun insgesamt fünf Mitglieder des Selbstmordkommandos im Einsatzland angekommen.

Binalshibh ist ebenfalls dazu auserkoren, bei dem Selbstmordkommando dabeizusein. Doch für ihn erweist sich der Weg als äußerst hindernisreich. Sein bisheriger Lebensweg in Deutschland wird ihm zum Problem. Am 17. Mai 2000 hatte er erstmals ein Visum für die Vereinigten Staaten beantragt, doch eine Ablehnung erhalten, da die US-Behörden vermuteten, er wolle sich dauerhaft in den USA niederlassen. Kurz darauf versuchte es Binalshibh erneut, diesmal mit einem reinen Touristenvisum. »Ich plane, eine Rundreise in die nördliche Ostküsten-Region zu machen, wo ich auch einen alten Freund besuchen werde. Gegebenenfalls werden wir die Großen Seen und die Niagara-Fälle besuchen oder auf eine Bäderreise an den Stränden Kaliforniens gehen«, gibt er bei seinem Antrag vom 16. Juni 2000 als Reisezweck an. »Hiermit möchte ich Ihnen mitteilen, daß mein Wohnsitz und meine wirtschaftliche Lage in Deutschland stabil sind. Ich habe die notwendigen Unterlagen (Kontoauszug, Mietvertrag und die Meldebestätigung) zu Ihrer Verfügung beigefügt. Damit hoffe ich, daß die Sache geklärt ist und Sie die vollständigen Unterlagen haben, um mir das Visum erstellen zu können.«[28] Aber während seine drei Freunde in den USA bereits die ersten Übungsstunden absolvieren, bekommt Binalshibh vier Wochen später, am 18. Juli 2000, wieder einen Ablehnungsbescheid.

In der Zwischenzeit kümmert er sich um organisatorische Aufgaben für den geplanten Anschlag. Aus den Vereinigten Arabischen Emiraten eintreffende Gelder, die für die Pilotenausbildung der Freunde in den USA bestimmt sind, leitet er nach Amerika weiter. Zudem übernimmt er Kurierdienste und hält den Kontakt zu Scheich Mohammed, dem Chef der Operation.

Anfang September 2000 unternimmt er einen neuen Versuch, zu einem US-Visum zu kommen. Dafür reist er eigens in seine Heimat, um vom Jemen aus einen Antrag zu stellen. Am 15. September 2000 reicht er in Sanaa auf der US-Botschaft seine Unterlagen ein. Zur Unterstützung hat er die Flugschule »Florida Flight Training Center« eingeschaltet, wo bereits Jarrah Flugunterricht nimmt. Der Ausbildungsstätte hat er bereits einen Monat zuvor die erste Rate der Unterrichtsgebühren über 2200 US-Dollar überwiesen.[29] Mit »Top Urgent«, sehr dringend, überschreibt Binalshibh von Sanaa aus ein handschriftliches Fax an die Flugschule. Er teilt darin seine Anschrift in Sanaa mit, an die die Flugschule eine Bestätigung schicken soll, daß er dort fest angemeldet sei und seine ersten Unterrichtsgebühren bereits entrichtet habe. Aber auch dieser Trick verfängt nicht. Der Antrag wird erneut abgelehnt.

Binalshibh begibt sich nun wieder zurück nach Deutschland, wo er sich um die Geldtransfers der anderen kümmern muß und neue Aktionen mit Afghanistan koordiniert. Am 10. Oktober fliegt er erneut in den Jemen. Zwei Tage später, am 12. Oktober 2000, kommt es in Aden zu einem neuerlichen Anschlag gegen die USA. Ein Selbstmordkommando der *Al Qaida* steuert ein mit Sprengstoff voll bepacktes Motorboot in die Backbordseite des im Hafen von Aden vor Anker liegenden US-Kriegsschiffes USS Cole. 17 amerikanische Marinesoldaten werden getötet, 39 zum Teil schwer verletzt.

Vier Tage später fliegt Binalshibh zurück nach Deutschland, wo er eine Woche später in Berlin noch einmal einen Antrag für ein US-Visum stellt. Aber die Beamten lassen sich nicht

Bei einem Terroranschlag auf das US-Kriegsschiff »USS Cole« am 12. Oktober 2000 im Jemen werden 17 amerikanische Marinesoldaten getötet und 39 verletzt.

erweichen. Mit einem Schreiben vom 11. November 2000 machen sie ihm unmißverständlich klar, daß er mit keinem Visum für die Vereinigten Staaten rechnen kann, da er »nicht in der Lage sei, seine familiären, sozialen und wirtschaftlichen Bindungen zu seinem Wohnsitz in Deutschland ausreichend nachzuweisen«.[30]

Während Binalshibh alle seine Pläne begraben muß, erhalten seine drei Freunde eineinhalb Monate später ihre Fluglizenzen. Drei Tage vor Weihnachten 2000 werden sie als erstes Atta und al-Shehhi feierlich ausgehändigt. Die zwei verlieren keine Zeit und mieten noch vor dem Jahreswechsel für sechs Stunden einen Boeing-Flugsimulator. Bislang hatten sie nur Erfahrung auf einer kleinen Cessna sammeln können. Nun gilt es, sich so schnell als möglich mit dem Manövrieren von großen Maschinen vertraut zu machen. Schließlich sollen sie einmal Verkehrsflugzeuge in ein vorgegebenes Ziel steuern. Doch welches Ziel das sein wird und wann die Aktion stattfinden soll, wissen sie nicht.

Auch der Chefplaner der Operation, Scheich Mohammed, kann das zum Jahresbeginn 2001 noch nicht genau sagen. Er hat zwei Rückschläge zu verkraften. Nach dem Ausfall von Binalshibh muß er auch die beiden Saudis von der Pilotenliste streichen. Sowohl al-Midhar, der Ehemann von Binalshibhs Cousine, als auch dessen Kompagnon al-Hazmi sind über die ersten Flugstunden nicht hinausgekommen. Ihr Englisch war derartig schlecht, daß sie nicht imstande waren, den technischen Anweisungen des Fluglehrers Folge zu leisten. Die Schule weigerte sich daraufhin, sie weiter zu unterrichten. Bei einer anderen Flugschule waren sie abgeblitzt.

Fieberhaft versucht Binalshibh nun, in Europa Ersatz zu besorgen. Aber einem auserkorenen Mitglied der Hamburger Gruppe wird ebenfalls das Visum für die USA verweigert. Das Reservoir in Deutschland ist damit erschöpft. Binalshibh begibt sich auf Reisen und kann schließlich in London einen *Al-Qaida*-Anhänger aktivieren, der sich kurz darauf für ein Vorstellungsgespräch zu Scheich Mohammed nach Afghanistan begibt. Man kommt überein, ihn zu einer Pilotenausbildung zu schicken, doch ist nicht absehbar, wann der Mann einsatzbereit sein wird. Die Erfahrungen von Atta, al-Shehhi und Jarrah zeigen, daß dafür mindestens ein halbes Jahr einzuplanen ist, da die ganzen Spezialausdrücke gelernt sein wollen und hohe technische Anforderungen gestellt werden. Daher wird in der Führung von *Al Qaida* beschlossen, weltweit nach einem geeigneten Mitglied zu suchen, das bereits über eine Pilotenlizenz verfügt.

Ein geeigneter Kandidat ist bald gefunden. Der Mann heißt Hani Hanjour und ist Sohn eines reichen Geschäftsmannes aus Saudi-Arabien. Der Vater hatte ihm bereits 1999 eine Pilotenausbildung in den USA spendiert. Außerdem verfügt er über ein gültiges US-Visum. Hanjour wird im Frühjahr 2001 zu einem Auffrischungskurs auf eine Fliegerschule in Phoenix im US-Bundesstaat Arizona geschickt und trifft sich anschließend im Frühsommer mit den anderen drei Piloten in der Spielerstadt Las Vegas. Die Operation geht in die heiße Phase.

Sie versichern sich zunächst gegenseitig ihres festen Entschlusses, dem Feind einen schweren Schlag zu versetzen, und beraten dann darüber, welche Voraussetzungen noch dafür geschaffen werden müssen. So ist zu klären, wie viele Helfer in jeder Maschine benötigt werden und wie die entsprechenden Waffen an Bord kommen. Die Angriffsziele müssen mit den Operationschefs abgestimmt werden. Allerdings lassen sich solche Dinge nicht am Telefon oder per E-Mail klären. Nach dem Gebot von Scheich Mohammed dürfen derart heikle Dinge nur im persönlichen Gespräch geklärt werden. Atta bekommt daher den Auftrag, nach Europa zu fliegen.

Am 8. Juli 2001 trifft er auf dem Flughafen Madrid-Barajas ein, wo er sich in der Nähe für eine Nacht unter falschem Namen in einem Drei-Sterne-Hotel einmietet, um dort mit einem Mitstreiter zusammenzutreffen. Von hier aus führt er auch mehrere Gespräche nach Deutschland, da er sich weniger kontrolliert fühlt als in den USA. Am nächsten Tag mietet er sich bei Sixt einen silberfarbenen Hyundai und fährt damit zur Küstenstadt Tarragona, südlich von Barcelona.

Etwa zur gleichen Zeit packt in der Hamburger Marienstraße Binalshibh seinen Koffer. In wenigen Stunden geht sein Charterflug der Aerolloyd in die katalanische Urlaubsregion am Mittelmeer. Am Abend bezieht er dann im edlen Vier Sterne-Hotel »Mónica« nur 100 Meter vom Strand entfernt ein Zimmer, genau dort, wo sonst auch der spanische Prinz Felipe absteigt, wenn er in Tarragona an Segelregatten teilnimmt.

Atta quartiert sich ganz in der Nähe im Hotel »Sant Jordi« ein, direkt am Strand. Nach einer kurzen Verständigung verabreden sich beide zu einem baldigen Treffen. Atta erzählt dann seinem Freund, daß ihr Mitstreiter Marwan al-Shehhi nach dem Ende seiner Flugausbildung »eine wundervolle Vision« gehabt habe. Zusammen »mit großen grünen Vögeln« sei er »durch die

Lüfte geflogen und in ein großes Objekt gestürzt«.[31] Binalshibh zeigt sich ergriffen. Ein solcher Traum könne kein Zufall sein. Er hält es für ein Zeichen und erklärt, Atta und die anderen Piloten sollen völlig autonom über das genaue Ziel und den exakten Zeitpunkt der Anschläge bestimmen. Jedoch die Ziele stehen längst fest. Es sind die symbolträchtigsten Gebäude der USA: die Zwillingstürme des World Trade Center in New York sowie das Pentagon und das Capitol in Washington. Der Zeitpunkt der konzertierten Selbstmordaktion wird von den Flugplänen und Routen der amerikanischen Airlines abhängig gemacht. Zum einen braucht man vier Flüge, die relativ zeitgleich starten, damit die Anschläge so kurz hintereinander erfolgen, daß keine Abwehrmaßnahmen mehr eingeleitet werden können. Zum anderen müssen die Maschinen von nahe gelegenen Flughäfen abgehen, damit zum Zeitpunkt des Aufpralls die Tanks möglichst voll mit Kerosin sind. Nach einer Überschlagskalkulation geht Atta davon aus, daß sie spätestens Mitte September zuschlagen können, also in gut zwei Monaten.

Bis dahin ist die Frage zu lösen, wer neben den vier Piloten noch mitwirken soll. Bislang stehen für das Selbstmordkommando nur die beiden gescheiterten Flugschüler al-Hazmi und al-Midhar zur Verfügung. Aber das reicht nicht aus, um die Maschinen unter Kontrolle zu bringen. In der verbleibenden Zeit muß daher von der *Al-Qaida*-Zentrale mindestens noch ein Dutzend Helfer in die USA geschleust werden. Man geht davon aus, daß pro Maschine wenigstens drei Personen benötigt werden, um das Flugpersonal auszuschalten und die Passagiere in Schach zu halten.

Zum Abschluß vereinbaren Atta und Binalshibh noch ein Kodesystem, um künftig auch am Telefon oder per E-Mail über das weitere Vorgehen kommunizieren zu können. Die Einsatzziele benennen sie nach Fakultäten. Das Capitol wird zur »Fakultät des Rechts«, das Pentagon die »Fakultät der Künste« und das World Trade Center »Fakultät für Stadtplanung«,[32] das Studienfach von Atta in Hamburg.

Am 16. Juli 2001 fliegt Binalshibh nach Deutschland zurück, Atta genießt noch drei Tage in Spanien, es ist mit aller Wahrscheinlichkeit der letzte Urlaub seines Lebens. Am Abend des 19. Juli fliegt er unbehelligt wieder in die USA.

Alles läuft nach Plan. In den nächsten vier Wochen treffen insgesamt 13 Helfer aus Saudi-Arabien in den USA ein, die bereit sind, mit auf die letzte Reise zu gehen. Sie werden auf die einzelnen Piloten verteilt und beginnen mit den Einsatzübungen.

Am 22. August 2001 trifft sich Atta von einem Internetcafé aus auf virtuelle Weise mit Binalshibh in einem Chatraum. Er gibt sich als junger Deutscher aus, der sich mit seiner Freundin in Hamburg über den Studienaufenthalt in den USA austauscht. »Hallo Jenny«, schreibt Atta an Binalshibh. »Wie geht's Dir? Mir geht's gut.«[33] Atta schreibt auf deutsch und verwendet den vereinbarten Kode. »Wie ich Dir letztes Mal gesagt habe, beginnen die Erstsemester in drei Wochen. Keine Änderungen! Alles läuft gut. Da ist viel Hoffnung und heftiges Wunschdenken! Zwei Hochschulen und zwei Universitäten. Alles geht nach Plan. Dieser Sommer wird bestimmt heiß werden.«[34]

Danach teilt Atta dem Logistiker in Deutschland verklausuliert mit, daß das Selbstmordkommando inzwischen komplett ist und 19 Personen umfaßt, davon vier Piloten: »Ich will mich mit Dir über einige Kleinigkeiten unterhalten. 19 Scheine für das Spezialstudium, und 4 Klausuren.« Zum Abschluß bittet Atta noch darum, Scheich Mohammed, den Operationschef, zu grüßen: »Schöne Grüße an Deinen Professor. Bis dann.«

In der letzten Augustwoche beginnen die Verschwörer ihre Flüge zu buchen. Die vorgesehenen Piloten und jeweils ein Helfer kaufen sich Erste-Klasse-Tickets, damit sie unmittelbar hinter dem Cockpit sitzen. Die restlichen Helfer lassen sich Plätze in der dahinter liegenden Business- und in der Economy-Klasse am Ende des Flugzeugs reservieren, von wo aus sie mit eingeschleusten Teppichmessern die Fluggäste jeweils in Schach halten sollen. Allerdings kennen die Helfer, die allesamt aus Saudi-Arabien kommen, bislang weder die Einzelheiten der Operation noch die Anschlagsziele. Ihnen ist lediglich gesagt worden, daß es sich um eine Selbstmordaktion handelt und sie als Märtyrer in das Paradies einziehen werden.[35]

Aus Sicherheitsgründen sind lediglich die vier Piloten mit den Details vertraut. Sie fühlen sich für ihre Aufgabe auch körperlich gut gerüstet. Die vergangenen Wochen haben sie regelmäßig in Fitneßcentern trainiert und Unterricht in Nahkampf genommen. Schließlich ist damit zu rechnen, daß am ehesten der Flugkapitän und sein Kopilot Widerstand leisten.

Am 29. August 2001 klingelt bei Binalshibh in Hamburg morgens um drei Uhr das Telefon. Verschlafen nimmt er den Hörer ab und hört dann eine vertraute Stimme: »Ich habe einen Witz zu erzählen und ein kleines Rätsel«, sagt Atta. »Ein Kumpel nervt mich mit diesem Rätsel, und ich hoffe nun, daß du mir bei der Lösung helfen kannst: Zwei Stöcke, ein Strich und ein Kuchen mit einem Stock nach unten. Was ist das?«[36]

Ziemlich verdattert über eine derartige Frage zu dieser Zeit, ist Binalshibh zunächst nicht in der Lage, das Rätsel zu lösen. Aber der Freund läßt ihm Zeit und wiederholt es auch noch einmal. Dann plötzlich kapiert er, was ihm der Freund sagen will: Mit zwei Stöcken ist offenbar die Zahl 11 gemeint. Ein Strich ist ein Strich. Und ein Kuchen mit einem Stock nach unten könnte die Zahl 9 sein. Binalshibh ist nun hellwach. Er begreift, was ihm sein Freund gerade mitteilt, nämlich das Datum der Anschläge: 11–9. »Das klingt nach einem süßen Rätsel«, sagt Binalshibh zu Atta. »Laß deinen Kumpel wissen, daß er sich keine Sorgen machen muß.«[37]

Sofort informiert Binalshibh seinen früheren Mitbewohner Said Bahaji sowie ein weiteres Mitglied der Islam AG, daß sie schnellstens aus Deutschland verschwinden müssen. Schließlich ist davon auszugehen, daß nach den Anschlägen die Polizei früher oder später auf ihre Spur kommen wird. Obwohl Bahaji erst vor sechs Monaten Vater geworden ist, verlassen er und sein Kumpan am 3. und 4. September 2001 Hamburg in Richtung Karatschi. Binalshibh setzt sich am 5. September ab. Er fliegt von Düsseldorf über Madrid nach Pakistan und trifft sich dort umgehend mit Scheich Mohammed. Gemeinsam warten sie hier auf den »Heiligen Dienstag«, wie sie die Unternehmung inzwischen getauft haben.[38]

Am Morgen des 11. September 2001 begibt sich Mustafa Ahmed al-Hawsawi, der Finanzchef der Operation, in den Vereinigten Arabischen Emiraten zur Standard Chartered Bank. Er erwartet einen Geldbetrag aus den USA. Tatsächlich sind auf seinem Konto 7860 Dollar eingegangen. Absender ist Mohammed Atta, der die Überweisung drei Tage zuvor auf den Weg gebracht hat. Es ist der Rest von insgesamt 200000 Dollar, die er und seine Mitverschwörer für Flugausbildung, Lebensunterhalt und Tickets in den vergangenen eineinhalb Jahren zur Verfügung hatten. Geradezu hanseatisch korrekt hat der Hamburger Student nun den Restbetrag zurücküberwiesen. Alle weltlichen Dinge sollten ordentlich abgeschlossen sein, hatte man ihm beigebracht.

Gegen 9.22 Uhr Ortszeit transferiert al-Hawsawi das gerade eingetroffene Geld auf ein anderes Konto, um die Spur möglichst zu verwischen. Anschließend macht er sich sofort auf den Weg nach Karatschi, wo sich die *Al-Qaida*-Führung zu dieser Zeit am sichersten fühlt. Binalshibh und Scheich Mohammed erwarten ihn bereits.

Zu diesem Zeitpunkt ist es in South Portland im US-Bundesstaat Maine kurz nach Mitternacht. Atta schläft noch, sein Wecker klingelt erst in drei Stunden. Um 5.43 Uhr Ortszeit passiert er dann pünktlich die Sicherheitsschleusen auf dem Flughafen. Von Portland fliegt er zunächst nach Boston. Auf dem dortigen Logan International Airport ist das Treffen mit den vier Mitverschwörern vereinbart. Gemeinsam gehen sie an Bord der Maschine der American Airlines (AA) 11 nach Los Angeles, die um 7.59 Uhr abhebt. Nicht mit an Bord ist allerdings das Gepäck von Atta. Seine Reisetasche, die er in Portland gleich nach Los Angeles hat durchchecken lassen, ist beim Umladen in Boston vergessen worden. Darin befindet sich sein Testament, das er einst in der Hamburger Al-Kuds-Moschee aufgesetzt hat, sowie eine kleine, eigens angefertigte Fibel für die Selbstmordattentäter. »Du kommst nicht zur Erde zurück und pflanzt die Angst in die Herzen der Ungläubigen«, heißt es darin.[39] Eine Viertelstunde nach dem Start, um 8.15 Uhr, bringen Atta und seine Komplizen das Flugzeug gewaltsam unter ihre Kontrolle. Als sie in das Cockpit stürmen, ist gerade der Funk eingeschaltet. »Wir haben einige Flugzeuge. Bewahren Sie Ruhe, und Sie bleiben o.k. Wir fliegen zum Flughafen zurück«,[40] erklärt er den Piloten. Ein Fluglotse nimmt die Funkfetzen auf und fragt irritiert zurück: »Wer versucht, mich zu rufen?« Zunächst bekommt der Lotse keine Antwort. Dann hört er jemand sagen: »Keine Bewegung bitte, wir kehren zum Flughafen zurück. Versuchen Sie nicht irgendwelche Dummheiten zu machen.« Es ist die Stimme einer der Entführer, der glaubt, zu den Passagieren zu sprechen. Er ist aber auf einer Frequenz gelandet, die von Piloten und Fluglotsen abgehört wird. Wenig später nimmt ein Mitarbeiter in der Reservierungszentrale von American Airlines das Telefon ab und hört eine atemlose Frauenstimme sagen: »Zwei Stewardessen sind niedergestochen worden. Eine weitere wird beatmet. Einem Passagier haben sie die Kehle durchgeschnitten. Er sieht tot aus. Sie sind ins Cockpit eingedrungen.« Die Anruferin ist Betty Ong, Stewardeß auf Flug AA 11.

Zur gleichen Zeit steigt in Boston eine weitere Maschine mit dem Ziel Los Angeles in den Himmel. Es ist der Flug der Konkurrenzlinie United Airlines (UA) 175. An Bord sind Marwan al-Shehhi und seine vier Helfer.

Fünf Minuten später, um 8.20 Uhr, startet vom Dulles International Airport in Washington eine weitere vollbetankte Maschine der American Airlines in Richtung Los Angeles. An Bord sind Hani Hanjour sowie die an der Pilotenausbildung gescheiterten Khalid al-Midhar und Nawaf al-Hazmi sowie zwei weitere Helfer.

Nochmals 20 Minuten später verläßt um 8.42 der Transkontinentalflug UA 93 den International Airport in Newark (New Jersey), mit dem Ziel San Francisco. An Bord sind Ziad Jarrah und drei seiner Helfer.

Mohammed Atta hat inzwischen den Pilotensitz eingenommen und fliegt mit der entführten Maschine eine scharfe Kurve nach Süden. Er steuert direkt auf New York zu. Es ist ein wunderschöner Morgen. Der Himmel ist strahlend blau, die Sicht ist klar. Von seinem Cockpit aus kann Atta bereits die Zwillingstürme des World Trade Center erkennen. Die Passagiere des Flugs AA 11 sowie die fünf Selbstmordattentäter haben noch drei Minuten zu leben. »Das Letzte, was zu tun ist, ist stets die Erinnerung an Gott, und die letzten Worte sollten sein, daß es keinen Gott außer Allah gibt und daß Mohammed sein Prophet ist«, heißt es in Attas Terroristenfibel. »Du wirst bemerken, daß das Flugzeug anhalten und dann erneut fliegen wird. Dies ist die Stunde, in der du Gott treffen wirst. Engel rufen deinen Namen.«[41]

Um 8.45 Uhr steuert Atta die vollgetankte Boeing 767 in den Nordturm des World Trade Center, in Höhe der 96. Etage. Die Langstreckenmaschine hat eine Spannweite von knapp 50 Metern und etwa 38000 Liter Treibstoff an Bord. Der Aufprall erfolgt mit einer Geschwindigkeit von zirka 760 Kilometer pro Stunde. Das Ergebnis ist eine Schneise der Verwüstung über vier Etagen hinweg. Umgehend entzündet sich der Treibstoff. Das Fahrwerk schleudert auf der Südseite wieder aus dem Gebäude heraus und landet in der Rector Street – fünf Häuserblocks entfernt. Von der Einschlagstelle aus brandet die mächtige Druckwelle durch den Turm, drei oder vier Sekunden lang schwankt das Gebäude wie eine Birke im Wind.

Um dieselbe Zeit kidnappt die Gruppe um Marwan al-Shehhi die Maschine des Fluges UA 175. Alles geht sehr schnell. Bereits um 8.50 Uhr ändert UA 175 seine Flugroute und nimmt Kurs auf New York. Passagieren gelingt es, per Handy ihre Verwandten anzurufen. Peter Hanson, der mit Ehefrau und zweijähriger Tochter in der Maschine sitzt, ruft seinen Vater in Connecticut an: »Eine Stewardeß wurde erstochen. Ich glaube, wir gehen runter. Keine Angst, es wird schnell gehen.« Brian Sweeney erreicht seine Ehefrau: »Hallo Jules, hier ist Brian. Ich bin im Flugzeug, es wurde entführt, und es sieht nicht gut aus. Ich wollte nur, daß du weißt, daß ich dich liebe und hoffe, dich wiederzusehen. Wenn nicht: Genieß bitte dein Leben und mach das Beste draus.«

UA 175 ist in diesem Moment bereits über New York. Al-Shehhi zieht die Maschine in eine Kurve und steuert direkt auf den Südturm des World Trade Center zu. Um 9 Uhr, 2 Minuten und 54 Sekunden erfolgt der Aufprall in der 81. Etage. Das Stahlgerüst des Südturms schwingt daraufhin erkennbar in Richtung Hudson River, bevor es zurückschnellt. Der Turm wird dabei derart in Mitleidenschaft gezogen, daß er eine knappe Stunde später in sich zusammenstürzt. Um 10.28 Uhr kollabiert auch der Nordturm.

In den 102 Minuten vom Beginn der Attacke bis zum Ende des World Trade Center rennen die Menschen um ihr Leben. Die Fahrstühle sind mehrheitlich blockiert, viele Türen verzogen und nicht zu öffnen. Oberhalb der Einsturzstellen, wo alles brennt, stürzen sich Verzweifelte in die Tiefe. Andere flehen per Telefon um Hilfe oder verabschieden sich von ihren Angehörigen. Am Ende sterben mehr als 2800 Menschen in den Trümmern der Türme, darunter viele Helfer und Feuerwehrleute.

Zum Zeitpunkt des zweiten Einschlages erleben die Passagiere des Fluges AA 77 eine radikale Kehrtwende ihrer Maschine, die Hani Hanjour in einer scharfen 180-Grad-Kurve zurück nach Washington steuert. Die Flugkontrolle am Boden bemerkt, daß etwas nicht Ordnung ist, und versucht, das Cockpit von Flug 77 zu erreichen. Die Kontrollstelle in Indianapolis funkt: »American 77, Indy, radio check, how do you read?« Keine Antwort. Außerdem müssen die Fluglotsen feststellen, daß die Transponder der Maschine abgeschaltet worden sind, so daß sich die genaue Position der Maschine nicht mehr bestimmen läßt.

Um 9.24 Uhr schlägt die Flugaufsichtsbehörde FAA Alarm, denn inzwischen hat man gehört, was sich in New York ereignet hat. Auch im Falle von American Airlines 77 geht man von einer Entführung aus und befürchtet einen Anschlag auf das Weiße Haus. Sofort reagiert die US-Luftabwehrbehörde Norad. Um 9.30 Uhr starten auf der Langley Airbase in Hampton im Bundesstaat Virginia zwei F-19-Abfangjäger, um die AA 77 zu stellen und notfalls abzuschießen.

Von Bord der Boeing ruft Barbara Olson, eine bekannte Fernsehkommentatorin, noch ihren Mann Theodor an. Sie berichtet, daß die Maschine entführt wurde, Besatzung und Passagiere im Heck der Maschine in Schach gehalten werden.

Hani Hanjour fliegt derweil eine kunstvolle Spirale und geht auf Bodennähe herunter. Um 9.37 verschwindet die Maschine vom Radar. Hanjour hält nun direkt auf das Pentagon zu. Im Tiefflug rast das Passagierflugzeug über Washington D.C. hinweg, rasiert mehrere Baumwipfel und schlägt gegen 9.43 Uhr in der Westseite des fünfeckigen Gebäudes ein. Das Verteidigungsministerium, Herzstück der militärischen Supermacht USA, steht teilweise in Flammen. Die fünf Entführer, die sechs Crew-Mitglieder sowie 53 Passagiere sind tot. In dem brennenden Gebäude kommen 125 Menschen ums Leben.

Währenddessen spielen sich an Bord von Flug UA 93 dramatische Szenen ab. Ziad Jarrah und seine Helfer haben zwar vor etwa 20 Minuten die Maschine in ihre Gewalt gebracht, doch unter den Passagieren regt sich Widerstand. Bei Telefonaten mit Angehörigen ist bekannt geworden, was sich in New York abgespielt hat. Viele versuchen, Nachrichten nach draußen zu geben und Hilfe zu ordern. So berichtet Tom Burnett leise seiner Frau Deena: »Das Flugzeug ist entführt worden. Ein Mann wurde niedergestochen, und sie sagen, sie haben eine Bombe an Bord. Informiere bitte die Polizei.« Sie informiert ihn auch vom Absturz auf das Pentagon. Tom erklärt daraufhin: »Wir müssen jetzt was tun.«

In Washington ist bereits der höchste Krisenalarm ausgelöst worden. Politiker und Militärs ziehen sich in Schutzräume zurück, die Polizei läßt sämtliche Hochhäuser räumen. Schulen werden geschlossen, Gerichtsverhandlungen unterbrochen. Präsident George W. Bush bringt man an Bord der »Air Force One« nach Florida in Sicherheit. Sie wird von einer Staffel aus F-15- und F-16-Kampfflugzeugen eskortiert. Gleichzeitig fliegen Abfangjäger der entführten Maschine entgegen. Sie haben von Vizepräsident Cheney die Erlaubnis erhalten, Flug UA 93 abzuschießen.

Jeremy Glick telefoniert von Bord mit seiner Frau Lyz, die ihm Einzelheiten von den Anschlägen auf das World Trade Center berichtet. Er informiert sie, daß die Passagiere jetzt darüber abstimmen werden, ob sie die Terroristen angreifen. »Wir haben noch unsere Buttermesser vom Frühstück.«

Aus der Bordküche im Heck der Maschine telefoniert Stewardeß Sandra Bradshaw mit ihrem Mann Phil. Sie berichtet, daß sie zusammen mit den Kolleginnen kochendes Wasser in Kannen fülle, um es auf die Entführer zu schütten. »Wir werden versuchen, das Flugzeug wieder zurückzukriegen. Phil, alle rennen Richtung erster Klasse. Ich muß los. Bye.«

Um 10.01 Uhr dringen Schreie und Flüche aus dem Cockpit des Flugzeugs. »Allahu akbar«, brüllt einer der Kidnapper.

Beim Angriff auf das Pentagon am 11. September 2001 sterben 178 Menschen, davon 125 Mitarbeiter des Verteidigungsministeriums.

»Los, wir kriegen sie«, lautet der Wortfetzen einer anderen Stimme, die später auf dem Voicerecorder zu hören ist. Die Maschine fliegt Zickzackkurs. Um 10.06 Uhr verschwindet in der Zentrale von United Airlines der Punkt, der auf dem Radarschirm den Flug UA 93 markierte. Die Maschine zerschellt auf einem Acker bei Shanksville, Pennsylvania, wo sie sofort in Flammen aufgeht. 33 Passagiere, 7 Besatzungsmitglieder und die vier Attentäter finden dabei den Tod.

Touristen im Visier von *Al Qaida*

Die Jagd nach den Drahtziehern vom 11. September – Bombenattentate auf den Ferieninseln Djerba und Bali – Verhaftung von Ramzi Binalshibh, Koordinator der Anschläge in den USA – Das geheime Biowaffenprogramm der Al Qaida

»Allahu akbar, Gott ist groß, Gott sei Dank«, rufen sie begeistert aus. Gerade haben die Freunde von Binalshibh im fernen Pakistan davon erfahren, daß ein Flugzeug in den Nordturm des World Trade Center gerast ist. Sie sind um ein Fernsehgerät versammelt und wollen schon das erfolgreiche Ende der Operation feiern. Doch Binalshibh bremst: »Wartet, wartet«, erklärt er und deutet an, daß es noch weiter geht.[1] Gebannt verfolgen sie die Live-Berichterstattung aus New York. Als nach 18 Minuten ein zweites Flugzeug auf das Gebäude zusteuert, beginnen sie laut zu beten. Sie bitten darum, »Bruder Marwan« (al-shehhi) möge den Südturm nicht verfehlen.

Zu etwa der gleichen Zeit ist Osama Bin Laden im Nachbarland Afghanistan in seinen Unterschlupf zurückgekehrt. Er hat sich gerade mit seinen engsten Gefolgsleuten zusammengesetzt, als ihm die Nachricht vom erfolgreichen Beginn der Operation »Heiliger Dienstag« überbracht wird. Sofort schaltet er ein Radio ein und sucht einen amerikanischen Sender. Zunächst wird nichts von einem Anschlag erwähnt, doch am Ende der Nachrichtensendung kommt dann die Meldung, daß gerade ein Flugzeug in das World Trade Center gestürzt ist.[2]

Seit knapp einer Woche, exakt seit dem 6. September 2001, weiß Osama Bin Laden um die Einzelheiten der Anschläge. Seine Berater waren zunächst skeptisch, als sie davon erfuhren. Sie konnten sich nicht vorstellen, daß die Flugzeuge einen allzu großen Schaden anrichten. Osama Bin Laden war dagegen von

Anfang an optimistischer. Er rechnete damit, daß das Feuer aus dem Kerosin der Flugzeuge das Stahlgerüst des World Trade Center zum Schmelzen bringt und der Bereich über der Einschlagstelle zusammenbrechen würde.[3]

Gespannt wartet Osama Bin Laden mit seinen Anhängern nun auf die weiteren Nachrichten aus den USA. Als nach einer Weile der Radiosprecher mit atemloser Stimme mitteilt, daß sich gerade ein weiteres Flugzeug in das World Trade Center gebohrt hat, bricht im Versteck der *Al Qaida* lauter Jubel aus. 50 bis 60 Leute haben sich mittlerweile um den Terrorchef geschart. Einige gehen hinüber in ein anderes Zimmer, wo es auch einen Fernseher gibt. Live verfolgen sie die Ereignisse im verhaßten Amerika. Als auch noch ein drittes Flugzeug in das Pentagon stürzt, läuft einer zurück zu Osama Bin Laden, um ihm die Sensation zu berichten, doch Bin Laden winkt nur ab und gibt per Handzeichen zu verstehen, daß er wisse, was da gerade geschehe.[4]

Als ihm kurz darauf jedoch die Meldung überbracht wird, daß einer der Türme soeben komplett eingestürzt ist, zeigt sich auch Osama Bin Laden überrascht. Dies übertrifft all seine Erwartungen. Er weiß, nun ist ihm die Aufmerksamkeit der ganzen Welt sicher. Nicht nur Araber, sondern auch Nicht-Araber werden jetzt seine Botschaften ernst nehmen. Dieses Ereignis wird die Menschen zwingen, dem Islam mit dem nötigen Respekt zu begegnen, wie er es immer gewollt hat.[5]

Die Ereignisse in New York und Washington lösen im FBI-Hauptquartier einen Großeinsatz aus. Bereits 17 Minuten nach dem zweiten Einschlag in das World Trade Center versammeln sich im Strategic Information and Operations Center 250 Polizeibeamte. Wenige Stunden später ist die größte Fahndungsaktion in der Geschichte des FBI im Gange. Die Operation trägt den Namen »Pentagon Twin Towers Bombing«, kurz »Penttbom«.

7000 FBI-Agenten gehen in den folgenden Stunden jedem Hinweis nach, prüfen sämtliche Passagierlisten und untersuchen die Einsturzstellen auf mögliche Anhaltspunkte. Der erste Fahndungserfolg gelingt ihnen durch einen Zufall. Auf dem Flughafen in Boston findet sich Attas nicht rechtzeitig umgeladene Reisetasche mit dessen Testament und der Terroristenfibel. »Wenn die Arbeit getan und alles gut verlaufen ist, werden alle sich die Hände reichen und sagen, daß dies eine Aktion im Namen Gottes war«, heißt es darin.[6] In einem auf dem Flughafenparkplatz abgestellten Mietwagen stoßen die Ermittler außerdem auf arabische Flugtrainingsbücher und Papiere, in denen dieselben arabischen Namen auftauchen, die auch in den Passagierlisten verzeichnet sind. Der Rest ist fast ein Kinderspiel. Bereits am Nachmittag des 11. September wissen sie, wer vermutlich die Entführer sind und daß einige davon aus Deutschland kamen.

Am nächsten Tag, um 22.18 Uhr Ortszeit, erhält die amerikanische Botschaft in Berlin ein Fax vom FBI. Es ist eine Liste mit den Namen von 19 Tatverdächtigen. Das sechsseitige Schreiben wird wiederum per Fax an das Bundeskriminalamt weitergeleitet. »Twin Towers Bombing, Terrorist Attacks of 11. September 2001«, steht auf dem Papier mit dem Aktenzeichen 265D-NY-280350.[7] Außer den Namen von den drei Hamburger Todespiloten sind darauf auch deren Buchungen, Kreditkartenabrechnungen sowie ihre letzten Adressen in den USA vermerkt. Das FBI hat dies alles innerhalb von 30 Stunden zusammengetragen. »Wir würden uns über alle Spuren und Informationen freuen, die Sie über die oben aufgeführten Verdächtigen beschaffen können. Wir sind besonders daran interessiert, mehr über die Aktivitäten und die Verbündeten von Mohammed Atta (alias Sajjid) und Marwan al-Shehhi in Deutschland zu lernen.«[8]

Vom BKA geht das Fax sofort weiter nach Hamburg. Bereits wenige Minuten später sperrt die Polizei die Marienstraße im Stadtteil Harburg. In dem Haus Nummer 54 stellen die

Beamten die einstige Unterkunft der Terroristen auf den Kopf. Viel finden sie allerdings nicht. Atta und seine Freunde haben die Mietwohnung besenrein hinterlassen. Aber bereits drei Stunden später, um 1.30 Uhr des 13. September, stürmen die Beamten ein zweites Haus in Harburg. Es ist die Wohnung des Deutsch-Marokkaners Bahaji. Im Scheinwerferlicht der TV-Kameras wird eine verschleierte Frau mit einem Baby im Arm zu den Einsatzwagen geleitet. Es ist Bahajis Frau und sein sechs Monate alter Sohn Omar. In der Wohnung stoßen die Ermittler auf Unterlagen, die sie auf die Spur weiterer Hintermänner der Verschwörung bringen. Man vermutet, daß alle in Afghanistan untergetaucht sind.

Am 7. Oktober beginnen die USA dann ihren Bombenkrieg gegen die Taliban. In Deutschland wird derweil am Haftbefehl gegen Binalshibh, Bahaji sowie eine weitere flüchtige Person gearbeitet, der schließlich am 18. Oktober ergeht. Die drei werden verdächtigt, an der Planung und Organisation der Anschläge in den USA aktiv beteiligt gewesen zu sein. Weltweit beginnt nun die Fahndung. Steckbriefe mit Fotos und Personalien hängen bald auf Flughäfen, Bahnhöfen und in allen Behörden.

Einen weiteren Monat später, am 16. November 2001, haben die Ermittler einen ersten Anhaltspunkt über den Aufenthaltsort von Binalshibh. In den Trümmern eines Gebäudes im afghanischen Kabul, das dem Militärchef der *Al Qaida*, Mohammed Atef, gehörte, finden sie ein Videoband. Neben vier anderen Personen ist darauf Binalshibh zu sehen. Er blickt, seinen Kopf mit einem roten Turban umhüllt, herausfordernd in die Kamera und gibt irgendwelche Erklärungen ab. Allerdings ist kein Wort zu verstehen, das Band hat keinen Ton. Daß auch Binalshibh bei dem Bombenangriff auf das Haus von Atef ums Leben gekommen ist, bezweifeln die Ermittler, da es keine konkreten Hinweise auf ihn gibt. Die Jagd nach dem Koordinator der Anschläge vom 11. September geht mit aller Kraft weiter.

Ramzi Binalshibh: Der Koordinator der Anschläge vom 11. September 2001.

Die Bombardements der US-Luftwaffe haben binnen weniger Wochen weite Teile Afghanistans verwüstet. Sämtliche Lager der *Al Qaida* sowie Festungen der Taliban wurden zerstört oder eingenommen. Die Terrororganisation scheint um ihren Rückzugsraum beraubt. Aber außer Militärchef Mohammed Atef konnte keiner der führenden Köpfe getötet oder verhaftet werden. Sowohl Osama Bin Laden, sein Stellvertreter Ayman al-Zawahiri als auch Khalid Scheich Mohammed, von dessen Bedeutung die USA zu diesem Zeitpunkt noch gar nichts wissen, sind weiterhin am Leben.

Zudem gibt es mehrere zehntausend Rekruten der *Al Qaida*, die in den vergangenen Jahren die Trainingslager in Afghanistan durchlaufen haben. Dabei sind sie nicht nur in den Methoden des verdeckten Terrors geschult, sondern auch auf den Kampf gegen die Ungläubigen und »Kreuzzügler« eingeschworen worden. Die meisten leben inzwischen wieder in ihren Heimatländern oder in Gastländern in Europa und Übersee. Viele

Absolventen haben sich auftragsgemäß zu autonomen Zellen von fünf bis zehn Mitgliedern zusammengeschlossen und verfolgen eigene Anschlagspläne, jederzeit bereit, dafür auch den Märtyrertod zu sterben. Andere warten auf den Einsatzbefehl aus Afghanistan oder Pakistan, von wo aus Operationschefs per Satellitentelefon die Attentäter dirigieren.

So besteigt auf den Befehl von Scheich Mohammed hin am 22. Dezember 2001 Richard Reid in Paris ein Flugzeug der American Airlines nach Miami.[9] An Bord von Flug AA 63 sind 185 Passagiere und zwölf Besatzungsmitglieder. Reid hat sich einen Platz in der Sitzreihe 29 reservieren lassen, direkt neben den Tragflächen mit den Kerosintanks. Wie die meisten anderen Dschihadis hat auch Reid eine Ausbildung in den Lagern der *Al Qaida* in Afghanistan absolviert. Der 28jährige Sohn einer Engländerin und eines Jamaikaners ist bereit, für seinen Glauben zu sterben.

Die Maschine AA 63 befindet sich über dem Atlantik, als die Stewardeß das Geschirr abräumt. Der Duft der Sandwiches mit Lachs und Truthahn hängt noch in der Kabine. Doch plötzlich macht sich ein Geruch von faulen Eiern breit. Als es immer schlimmer wird, begibt sich die Stewardeß auf die Suche, um die Quelle des Gestanks ausfindig zu machen. In der Sitzreihe 29 wird sie schließlich fündig, und zwar bei Richard Reid.

Der Mann mit den langen, dunklen Haaren und einem schwarzen Vollbart war ihr bereits vor ein paar Minuten unangenehm aufgefallen, als er nach dem Essen ein Streichholz anzündete. Die Stewardeß dachte, er wolle eine Zigarette rauchen, und hatte ihn darauf hingewiesen, daß dies an Bord streng verboten ist. Nun muß sie sehen, daß der Mann schon wieder ein Streichholz angezündet hat. Aber zu ihrer Verwunderung will er damit keine Zigarette anstecken, sondern seinen Turnschuh, der schmorend qualmt. »Stopp! Machen Sie das sofort aus«, ruft die Stewardeß.[10] Als der Mann nicht aufhört, an seinem Schuh herumzukokeln, fordert sie die anderen Passagiere auf: »So helfen Sie mir doch!« Eine zweite Stewardeß eilt herbei. Vereint versuchen sie den Fluggast zu überwältigen. Aber der Mann wehrt sich und beißt der zweiten Stewardeß in den Finger. Schließlich greift der Passagier in der Reihe hinter dem Mann nach dessen Arm und hält ihn fest. Alarmiert durch die Schreie eilen auch andere Fluggäste herbei und halten Richard Reid an den Beinen fest. Einige kippen ihm Wasser über den Kopf. »Ich bin verdrahtet!« schreit Reid. Aber die Passagiere und Stewardessen lassen trotzdem nicht von ihm ab. Sie fesseln ihn mit Gürteln, Sitzgurten und Kopfhörerkabeln. Reid hört nicht auf zu schreien und zu toben, bis ihm ein Arzt, der sich zufällig unter den Fluggästen befindet, ein Betäubungsmittel aus der Bordapotheke spritzt.

Erst in Miami wird deutlich, daß die beherzte Stewardeß eine Katastrophe verhindert hat. Als Experten der Polizei die Schuhe von Richard Reid untersuchen, stellen sie fest, daß er darin leicht entzündbaren Sprengstoff versteckt hatte. Damit wollte er ganz offensichtlich die Maschine über dem Atlantik in die Luft jagen. Schnell wird den Ermittlern deutlich, daß Reid sich dies nicht allein ausgedacht haben kann, denn der 28jährige Brite präsentiert sich bei den Vernehmungen als eher schlichtes Gemüt. Man traut ihm nicht zu, den Sprengstoff selbst hergestellt und als Einzeltäter gehandelt zu haben. Das FBI nimmt die Ermittlungen nach den Hintermännern auf, zumal das Ganze wie eine Kopie der Operation »Bojinka« erscheint.

Tatsächlich hat Scheich Mohammed die alten Anschlagspläne noch einmal aus der Schublade geholt, denn nach dem 11. September soll die westliche Welt weiterhin in Atem gehalten werden. Gleich mehrere Operationen auf einmal will er auf den Weg bringen, um den »Ungläubigen« zu zeigen, daß sie fortan nirgendwo auf der Welt mehr sicher sind. Mehrere Terrorzellen auf unterschiedlichen Kontinenten werden daher beauftragt, eigenständig Anschläge vorzubereiten. Dabei sollen sie sich im Bedarfsfall untereinander austauschen und logistischen Beistand leisten, so wie es Atta und Binalshibh erfahren haben, als sie bei den entscheidenden Gesprächen in Spanien von einer Zelle vor Ort unterstützt wurden. Mitglieder einzelner Zellen, die über einen direkten Kontakt zur *Al-Qaida*-Führung verfügen, sind dabei autorisiert, Einsatzbefehle oder Selbstmordanweisungen zu geben beziehungsweise den Kontakt mit der Zentrale zu halten und diese über vorgesehene Aktionen zu informieren.

Wohl aus diesem Grund ruft am 11. April 2002 morgens gegen sieben Uhr Nizar Ben Mohammed Nawar von der tunesischen Ferieninsel Djerba bei einem Glaubensbruder in Deutschland an.

»Weißt du, wer ich bin?« fragt Nawar seinen Gesprächspartner.

»Nein«, antwortet Christian Ganczarski in Mülheim an der Ruhr.[11]

»Ich bin Saif« (Das Schwert), sagt Nawar.

Der Deckname ist Ganczarski ein Begriff. Er weiß nun, mit wem er es zu tun hat und fragt den Anrufer, als wäre es ein Altbekannter: »Wie geht es dir?«

»Gut«, erwidert Nawar. »Was macht die Familie?«

»Alles in Ordnung«, antwortet der 25jährige Pole, der seit Jahren als deutscher Staatsbürger mit Frau und Kindern in der Bundesrepublik lebt. Ganczarski ist vor Jahren bereits zum Islam konvertiert und dem Verfassungsschutz inzwischen als Islamist bekannt.

»Vergiß nicht, für mich zu beten«, sagt Nawar.

»Wo bist du? Hier?«

»Nein, ich bin draußen«, erklärt Nawar.

»Benötigst du irgendwas?«

»Nein, danke. Ich brauche nur Daawa.«

Daß Nawar von Ganczarski den göttlichen Segen erbittet, geht offensichtlich darauf zurück, daß der Deutsch-Pole als persönlicher Bekannter von Osama Bin Laden und Scheich

Mohammed als eine wichtige Person innerhalb von *Al Qaida* gilt.[12] Seit 1999 ist Ganczarski mehrmals in Afghanistan gewesen, auch noch nach dem 11. September, und hat dabei im Haus von Osama Bin Laden gewohnt. Er war der Überbringer von Medikamenten für die zuckerkranke Tochter Bin Ladens und hat sich um die Computeranlage des Terrorchefs gekümmert.[13]

»So Gott will«, antwortet Ganczarski schließlich auf die Bitte von Nawar.

Dieser bedankt sich und erklärt zum Abschied: »Auf Wiedersehen. Gehe mit Frieden.«

»Gehe mit Frieden, Gottes Gnade und Segen sei mit dir«, beschließt Ganczarski das Telefongespräch.

Eineinhalb Stunden später sitzt Nawar am Steuer eines Lastwagens. Auf der Ladefläche befinden sich ein voller Tank und reichlich Sprengstoff. Mit dem Auto rast Nawar gegen 8.30 Uhr in die jüdische Synagoge La Ghriba (Die Fremde) auf der tunesischen Ferieninsel Djerba. Durch den Aufprall kommt es zu einer gewaltigen Explosion. Eine Feuerwand walzt durch die Synagoge und tötet 21 Menschen, darunter vierzehn deutsche Touristen, die gerade das Gebäude besichtigen.

Nur wenige Wochen nach dem Anschlag von Djerba macht sich der Journalist Yosri Fouda im Mai 2002 auf den Weg nach Pakistan. Ein anonymer Anrufer hat ihn mit den Worten dorthin gelockt: »Ich kenne einige Leute, die Ihnen vielleicht etwas für ›Top Secret‹ anbieten können.«[14] »Top Secret« ist der Name von Foudas Sendung, die monatlich von dem Fernsehsender Al-Dschasira im Golf-Emirat Katar ausgestrahlt wird. Der anonyme Anrufer hatte auch noch ein Fax mit Vorschlägen für eine Sendung zum ersten Jahrestag der Anschläge vom 11. September folgen lassen, so daß sich Fouda ziemlich sicher war, daß ihn jemand Wichtiges von *Al Qaida* zu sprechen wünscht.

Bei einem Bombenanschlag am 1. April 2002 auf die Synagoge der tunesischen Ferieninsel Djerba sterben 21 Menschen, darunter 14 Deutsche.

In Karatschi wird Fouda dann telefonisch zu immer wieder neuen Treffpunkten dirigiert, bis ihn schließlich ein Mann abholt, der ihm die Augen verbindet und ihn irgendwohin fährt. Als er endlich wieder die Augenbinde abgenommen bekommt, stehen zwei Männer vor ihm. »Erkennst du uns?« fragt der eine.[15] Es ist Scheich Mohammed, auf dessen Kopf das FBI mittlerweile eine Belohnung von 25 Millionen Dollar ausgesetzt hat, genausoviel wie für Osama Bin Laden. Durch die Aussagen von verhafteten *Al-Qaida*-Mitgliedern und dem Wälzen alter Akten über die Operation »Bojinka« ist den Ermittlern mittlerweile deutlich geworden, welche Bedeutung Khalid Scheich Mohammed innerhalb der Terrororganisation einnimmt. Nach Osama Bin Laden und dessen Stellvertreter Ayman al-Zawahiri ist Scheich Mohammed in der Hierarchie die Nummer drei.

Der andere Mann tritt vor, schüttelt Fouda herzhaft die Hand und sagt: »Sei ganz beruhigt. Falls du uns nicht erkennst, wird es dir spätestens dann einfallen, wer wir sind, wenn dir die Hunde vom Geheimdienst die Tür eintreten.«

Doch das Gesicht des zweiten Mannes ist Fouda ebenfalls vertraut. Es ist seit Monaten weltweit auf Tausenden von Fahndungsplakaten zu sehen. Vor dem Journalisten steht Ramzi Binalshibh. Um jeden Zweifel auszuschließen, setzt Scheich Mohammed noch hinzu: »Ich bin der Kopf des Militärkomitees der *Al Qaida*, und Ramzi ist der Koordinator der Operation ›Heiliger Dienstag‹.«

Fouda weiß, daß dies vermutlich das wichtigste Interview seines Lebens werden wird. Aber zunächst gilt es, weitere Prüfungen zu überstehen. Eigene Filmaufnahmen werden ihm nicht gestattet, Scheich Mohammed erklärt ihm jedoch: »Mach dir keine Sorgen wegen einer Kamera oder einem Kameramann. Wir werden uns um alles kümmern.« Zuerst will er aber den britischen Paß von Fouda sehen. Als er darin nach langem Blättern das pakistanische Visum gefunden hat, notiert er sich die Seriennummer.

Nachdem Scheich Mohammed schließlich Vertrauen gefaßt hat, schildert er ihm am Folgetag in einem langen Interview die Entscheidungsprozesse innerhalb der *Al Qaida*, die den Planungen für die Anschläge vom 11. September vorausgegangen waren. »Als wir über mögliche Ziele gesprochen hatten, dachten wir zuerst daran, ein paar nukleare Ziele anzugreifen. Aber dann hatten wir uns doch dagegen entschieden, aus Angst, es könnte uns aus der Kontrolle geraten.«

»Nukleare Ziele«, fragt Fouda ungläubig nach, »kannst du das näher erläutern?«

»Du mußt jetzt nicht mehr wissen«, sagt Scheich Mohammed. »Wir haben uns sowieso gegen den Angriff von nuklearen Zielen entschieden – zumindest vorerst.«

»Was heißt ›vorerst‹?«

»Vorerst bedeutet ›vorerst‹«, erwidert Scheich Mohammed. »Wir haben die Angriffe so geplant, daß es so viel Tote als möglich und eine größtmögliche Verwüstung gibt. Es sollte ein großer Vernichtungsschlag gegen Amerika werden, und zwar auf amerikanischem Boden selbst.«

Fouda will dann von dem »Gehirn« der *Al Qaida* wissen, ob es schwierig war, Männer zu finden, die sich bereit erklärten, für diesen Vernichtungsschlag ihr Leben zu lassen.

»An potentiellen Märtyrern hat es uns nie gemangelt«, erklärt Scheich Mohammed. »Wir hatten unzählige von Freiwilligen. Unser Problem damals war, die geeigneten Leute auszuwählen, die am besten mit dem Westen vertraut waren.« Im weiteren läßt er keinen Zweifel aufkommen, daß *Al Qaida* auch nach dem 11. September über ausreichend Selbstmordattentäter verfügt, die jederzeit bereit sind, zuzuschlagen: »Wir haben dafür eine spezielle Gruppierung, die heißt ›Abteilung der Märtyrer‹.«

»Gibt es diese Abteilung noch?«

»Ja, sie gibt es noch. Und sie wird es so lange geben, wie wir uns im Dschihad befinden gegen die Ungläubigen und gegen die Zionisten.«

Zwei volle Tage und Nächte verbringt der Journalist mit den beiden Terroristen. In der Folgezeit redet vorwiegend Binalshibh. Er erzählt Fouda, wie sich seine Glaubensbrüder auf das Attentat vorbereitet haben. Stolz zeigt er dem Journalisten seine »Souvenirs« aus Hamburg, Broschüren und Handbücher über das Fliegen von Boeings, CDs mit Flugsimulationen sowie handschriftliche Aufzeichnungen von Atta, einem der Todespiloten. Scheich Mohammed hält sich in dieser Gesprächsphase meist in einem Nebenzimmer auf, wo er sich am Computer zu schaffen macht, oder er verschickt mit einem seiner drei Mobiltelefone irgendwelche Nachrichten per SMS. Als er in einer Gesprächspause bemerkt, daß Fouda ebenfalls noch ein Mobiltelefon bei sich hat, verliert Scheich Mohammed die Fassung, obwohl das Gerät ausgeschaltet ist. Sichtlich verärgert verlangt er die sofortige Herausgabe und nimmt die Karte und den Akku heraus. Er kennt die Gefahren.

Aber es ist bereits zu spät. Das Mobiltelefon des bekannten Journalisten ist schon durch einen IMSI-Catcher (International Mobile Subscriber Identity-Catcher) geortet. Diese Geräte sind nicht größer als ein Schuhkarton und senden dieselben Signale aus wie die Basisstation eines Mobilfunknetzes. In der Annahme, es handele sich um eine Basisstation, sendet jedes Mobiltelefon im Einzugsbereich des IMSI-Catchers dann seine Netzdaten an das Gerät, um den vermeintlich günstigsten Anbieter zugewiesen zu bekommen.

Weil die Geheimdienste davon ausgehen, daß nach den Bombardements in Afghanistan viele führende Köpfe der *Al Qaida* in Karatschi untergetaucht sind, haben sie überall in der Zwölf-Millionen-Stadt solche IMSI-Catcher installiert. Für die Geheimdienste ist es somit ein leichtes, den Aufenthaltsort von Fouda zu lokalisieren, der schon länger überwacht wird, weil er im Verdacht steht, Kontakte zu der Terrororganisation zu unterhalten.

Aus Pakistan zurück, kündigen Fouda und sein Sender Al-Dschasira in einer großen Werbekampagne an, am Jahrestag der Anschläge von New York und Washington einen Exklusivbericht auszustrahlen, in dem Scheich Mohammed und Binalshibh persönlich zu Wort kommen werden, um ihre Sicht der Ereignisse zu schildern.

Am Vortag der Sendung stürmen Polizisten und Agenten des pakistanischen Geheimdienstes ISI den Appartementblock »Defense Housing Authority« in einer der besseren Gegenden von Karatschi. Allerdings kommt das schwerbewaffnete Einsatzkommando nicht sonderlich weit. Kaum daß sie im Treppenhaus sind, öffnet sich eine der Appartementtüren. Ein Mann mit einer Maschinenpistole tritt heraus und eröffnet das Feuer. Den Polizisten bleibt nichts anderes übrig, als sich zunächst zurückzuziehen. Von der Straße aus nehmen sie dann das Appartement unter Feuer. Die Bewohner dort schießen zurück. Drei Stunden lang liefern sie sich ein wildes Feuergefecht. Die Einschußlöcher rund um die Fenster der Wohnung werden immer größer. Schließlich gelingt es der Polizei, die Bewohner mit Hilfe von Tränengas und Rauchbomben zu überwältigen. Zwei Männer sind tot. Eine Frau und mehrere Männer werden verhaftet. Ihnen werden die Hände auf den Rücken und ein Tuch um die Augen gebunden, bevor sie die Polizisten abführen. Einer der Verhafteten, er trägt ein blaues T-Shirt und einen spärlichen Vollbart, windet sich unter den harten Griffen der Polizisten und brüllt immer wieder: »Allahu akbar, Gott ist groß.« Es ist Ramzi Binalshibh, dessen Interview Al-Dschasira 24 Stunden später ausstrahlen wird.

In der gestürmten Wohnung finden die pakistanischen Polizisten, die bei der Aktion von US-Agenten des FBI unterstützt wurden, unzählige Bücher und CDs mit Reden von Osama Bin Laden sowie einen Laptop, Pässe und Waffen. Auf dem Boden liegen die Leichen der beiden Erschossenen. Mit deren Blut hatten die anderen das islamische Glaubensbekenntnis »Es gibt keinen Gott außer Allah« an die Wand geschrieben. Als eine FBI-Agentin eine auf dem Bauch liegende Leiche umdreht, ist sie geradezu begeistert und gibt freudestrahlend einem Kollegen einen dicken Kuß. »Weißt du, wenn wir hier erwischt haben«, fragt sie den verdutzt dreinschauenden Kollegen. »Das ist Khalid Scheich Mohammed.«[16] Aber die FBI-Agentin irrt. Das »Gehirn« der *Al Qaida* ist ihnen erneut um Haaresbreite entwischt. Unter den Festgenommenen befinden sich lediglich die Ehefrau von Scheich Mohammed sowie die beiden Söhne, der siebenjährige Zad und der zehnjährige Hamza. Von Scheich Mohammed selbst fehlt jede Spur. Als besäße er den siebten Sinn, hatte er nur Minuten vor der Ankunft des Einsatzkommandos das Appartement verlassen.

Nach der Verhaftung von Binalshibh macht *Al Qaida* mobil. Die Organisation will beweisen, daß weder die jüngste Gefangennahme noch die zuvor erfolgten Bombardements ihrer Ausbildungslager und Rückzugsgebiete sie wesentlich geschwächt haben. Zwei Wochen später, am 25. September 2002, überfallen bewaffnete Männer in Karatschi das Büro der

Am 10. September 2002, 24 Stunden vor dem ersten Jahrestag der Anschläge in den USA, wird Ramzi Binalshibh in Karatschi verhaftet.

christlichen Organisation »Gerechtigkeit und Frieden«. Elf Mitarbeiter werden von den Angreifern gefesselt und geknebelt, bevor man ihnen eine Kugel in den Kopf jagt. Sieben sind sofort tot, die vier anderen überleben schwer verletzt.

Weitere zwei Wochen später, am 6. Oktober 2002, verübt ein Selbstmordkommando einen Anschlag auf den französischen Tanker »Limburg« vor der jemenitischen Küste bei Al-Mukalla. Ein bulgarisches Besatzungsmitglied kommt ums Leben, 90000 Barrel Öl fließen in den Golf von Aden. Den Anschlag hatte

Ayman al-Zawahiri schon zuvor in einer Videobotschaft an Al-Dschasira angekündigt, die der Fernsehsender zwei Tag nach der Aktion ausstrahlt. Darin nimmt der Stellvertreter von Osama Bin Laden zugleich Bezug auf den Anschlag in Djerba und droht erstmals auch unverhohlen den Partnern der Vereinigten Staaten: »Wir haben in der Vergangenheit einige Botschaften an die Verbündeten der USA gerichtet, damit sie aufhören, an den Kreuzzügen der Amerikaner teilzunehmen. Die Mudschaheddin-Jugend sandte eine Botschaft an Deutschland und eine andere an Frankreich. Sollte aber die Dosis nicht ausreichend gewesen sein, so sind wir bereit, natürlich mit Hilfe Allahs, die Dosis zu erhöhen.«

Nur vier Tage nach der Ausstrahlung der Videobotschaft stellt *Al Qaida* am 12. Oktober 2002 nochmals unter Beweis, daß die Worte ihres stellvertretenden Anführers ernst gemeint sind. Vor einem Nachtclub auf der Ferieninsel Bali explodiert eine Autobombe und tötet 187 Menschen, darunter überwiegend australische Touristen. Mehr als 300 werden schwer verletzt. Es ist das zweite Mal nach den Anschlägen in den USA, daß *Al Qaida* nichtsahnende Urlauber ins Visier genommen hat. Weitere vier Tage später verschickt die Terrororganisation sechs Paketbomben an Polizei- und Regierungsbüros im pakistanischen Karatschi, wodurch neun Menschen verletzt werden. Tags darauf, am 17. Oktober 2002, explodieren zwei Bomben in Kaufhäusern in Zamboanga auf der philippinischen Insel Mindanao und töten sieben Menschen. Am 28. Oktober 2002 erschießen zwei Terroristen in der jordanischen Hauptstadt Amman den US-Diplomaten Laurence Foley, als der vor seinem Haus ins Auto steigen will. Die beiden Attentäter gehören zu dem Heer von Dschihadis, die einst in Camps in Afghanistan ausgebildet wurden und nun im Sinne von *Al Qaida* handeln.

Die USA reagieren auf ihre Weise. Am 3. November tötet eine ferngesteuerte Rakete den *Al-Qaida*-Funktionär Ali Kaid Sinjan al-Harathi, als dieser mit fünf Gefolgsleuten in einem

Jeep in der Rub-al-Chali-Wüste, dem trostlosen »Leeren Viertel« Jemens, unterwegs ist.

Nachdem die Terrororganisation mit der Anschlagserie im Oktober 2002 unter Beweis gestellt hat, daß ihre Strukturen weiterhin intakt sind, meldet sich Osama Bin Laden nochmals per Tonband persönlich zu Wort, um alle Gerüchte zu zerstreuen, er sei bei den neuerlichen Bombardements der US-Luftwaffe in Afghanistan ums Leben gekommen. Am 12. November wird auch diese Botschaft vom arabischen Nachrichtensender Al-Dschasira ausgestrahlt: »Die Ereignisse seit den Angriffen von New York und Washington (…) sind nur Reaktionen und Vergeltungsaktionen. Diese Aktionen wurden von den unermüdlichen Söhnen des Islams ausgeführt, die ihre Religion verteidigen«, erklärt Osama Bin Laden darin und nimmt unter anderem direkt Bezug auf die Ermordung von Deutschen in Djerba sowie auf die Tötung von Australiern in Bali. »Unsere Angehörigen in Palästina werden seit fast einem Jahrhundert ermordet und schwer gefoltert. Wenn wir unser Volk in Palästina verteidigen, regt sich die Welt auf und verbündet sich auf ungerechte und verlogene Art unter dem Deckmantel des Kampfes gegen den Terrorismus gegen die Muslime. Was bezwecken eure Regierungen damit, sich mit der Verbrecherbande im Weißen Haus gegen die Muslime zu verbünden? Wissen eure Regierungen nicht, daß die Verbrecher im Weißen Haus die größten Schlächter dieser Zeit sind? (…)

Ich nenne im besonderen Großbritannien, Frankreich, Italien, Kanada, Deutschland und Australien. Wir haben Australien schon einmal davor gewarnt, sich dem Krieg in Afghanistan anzuschließen. Es hat die Warnung ignoriert, bis es vom Knall der Explosionen auf Bali aufgewacht ist. (…)

Wenn ihr erschüttert seid über den Tod eurer Männer und den eurer Verbündeten in Tunesien, Karatschi, Failaka, Bali und Amman, dann denkt an unsere Kinder, die jeden Tag in Palästina und Irak getötet werden. (…) Warum sollten Angst,

Tod, Zerstörung, Vertreibung, Verwaisung und Verwitwung weiterhin unser Schicksal bleiben, während Sicherheit, Stabilität und Glück euer Schicksal sind? Das ist ungerecht. Es ist Zeit abzurechnen. Ihr werdet getötet werden, so wie ihr tötet, und ihr werdet bombardiert werden, so wie ihr bombardiert. Seid auf weitere Erschütterungen gefaßt.«

Osama Bin Laden hält auf bittere Weise Wort. 16 Tage nach Ausstrahlung seiner Botschaft explodiert am 28. November 2002 vor einem Hotel in Kenias zweitgrößter Stadt Mombasa eine Autobombe. 15 Menschen werden getötet. Fast gleichzeitig wird in der Hafenstadt eine Panzerabwehrrakete auf eine mit überwiegend israelischen Touristen besetzte Passagiermaschine abgefeuert. Das Geschoß verfehlt jedoch sein Ziel. *Al Qaida* stellt damit allerdings unter Beweis, daß die Organisation auch im Besitz von modernen Waffen ist. Bis zum Ende des Jahres 2002 werden weltweit noch an die 20 Anschläge von Gruppierungen aus dem *Al-Qaida*-Netzwerk verübt. Dabei kommen etwa 90 Menschen ums Leben und werden mehrere 100 verletzt.

Auf den Terror der *Al Qaida* wissen die USA keine angemessene Antwort zu geben. Der milliardenteure Krieg in Afghanistan führt zu keinem greifbaren Ergebnis. Auch wenn die meisten Stellungen am Hindukusch zerbombt sind, bleibt das Netzwerk der globalen Untergrundorganisation erkennbar funktionstüchtig. In den zentralasiatischen Nachbarstaaten, in denen neue Militärbasen geschaffen werden, regt sich bald Widerstand, da eher geostrategische Interessen der USA als aktive Terrorbekämpfung vermutet werden. Auch die Verschärfung der Gesetze in den Vereinigten Staaten selbst bringt keinen spürbaren Ermittlungsfortschritt.

US-Präsident Bush erteilt daraufhin der CIA sogar die Lizenz zum Töten. Der US-Geheimdienst ist damit berechtigt, Terroristenführer zu töten, wenn eine Gefangennahme nicht möglich ist oder sie zu viele Opfer fordern würde. Eigentlich

Am 12. Oktober 2002 wird durch eine Autobombe die größte Diskothek im Urlaubsort Kuta auf Bali zerstört. 187 Menschen finden den Tod, über 300 werden verletzt.

ist es Amerikanern gesetzlich verboten, im staatlichen Auftrag Ausländer zu ermorden. Eine entsprechende Anweisung war 1976 von Präsident Gerald Ford unterzeichnet worden, der damit den Attentaten der CIA in Ländern der Dritten Welt ein Ende bereiten wollte. Aber am 15. Dezember 2002 übergibt nun die US-Regierung der CIA eine Liste mit Namen von etwa zwei Dutzend internationalen Terroristen, die zum Abschuß freigegeben sind. Neben Osama Bin Laden steht ganz oben auf der Todesliste Khalid Scheich Mohammed, der sich in dem Interview mit Al-Dschasira selbst als der Hauptverantwortliche für die Anschläge in den USA offenbart hat. Auf ihn ist ein Kopfgeld von 25 Millionen Dollar ausgesetzt, genau wie auf Osama Bin Laden.

Aber Scheich Mohammed gelingt es weiterhin, den pakistanischen Behörden, die bei ihrer Jagd nach dem »Hirn« der *Al Qaida* von der CIA und dem FBI unterstützt werden, zu entwischen. Seit der Verhaftung von Binalshibh am 10. September 2002 kann er weitere fünf Male seinen Verfolgern entkommen.[17]

Am 13. Februar 2003 bietet sich den Fahndern wieder einmal eine Gelegenheit. Aber als sie im pakistanischen Quetta eine konspirative Wohnung der *Al Qaida* stürmen, ist Scheich Mohammed schon wieder über alle Berge.

Dennoch wird die Aktion noch zum Erfolg. Die Fahnder verhaften in dem Versteck Mohammed Abdel Rahman, einen der Söhne des »blinden Scheichs«, der 1993 in New York nach dem ersten Anschlag auf das World Trade Center festgenommen worden war. Der Ägypter Rahman gilt als Vertrauensmann von Osama Bin Laden, denn er hat für den Terrorchef als Leibwächter und Chauffeur gearbeitet. Außerdem geht den Fahndern bei der Razzia ein Landsmann von Rahman ins Netz, der bereit ist, für die Belohnung von 25 Millionen US-Dollar brisante Informationen über Scheich Mohammed zu liefern.[18] Nach seinen Angaben habe der Scheich bereits am 11. September 2001 vorgehabt, neben den Anschlägen auf das World Trade Center und das Pentagon auch Brücken und Tankstellen in New York und Washington in die Luft jagen zu lassen. Weil es damals aus organisatorischen Gründen damit nicht geklappt habe, beabsichtige der *Al-Qaida*-Stratege jetzt, diesen Teil des tödlichen Planes in die Tat umzusetzen.[19]

Der US-Geheimdienst nimmt diesen Hinweis sehr ernst. Schließlich hat KSM, wie Scheich Mohammed im Jargon der Ermittler weiterhin genannt wird, bislang alle Anschlagspläne, die beim ersten Mal fehlgeschlagen sind, bei einem zweiten Anlauf umgesetzt. »KSM ist aktiv involviert in Anschlagspläne mit Zielen in CONUS [continental United States]. Er hat Attentätern angeordnet, Brücken, Tankstellen und Kraftwerke an mehreren Orten, inklusive New York City, ins Visier zu nehmen«, heißt es dazu in einem Bericht des US-Geheimdienstes vom 26. Februar 2003.[20] Nach den erarbeiteten Informationen plane Scheich Mohammed, Tanklastwagen von Selbstmordattentätern entführen zu lassen, um anschließend damit in Gebäude oder Tankstellen zu rasen. Die US-Administration reagiert umgehend auf den Warnhinweis der CIA und ruft Code Orange, die zweithöchste Alarmstufe, für das ganze Land aus.

Der verhaftete *Al-Qaida*-Mann hat noch mehr Informationen zu bieten. Nachdem ihm neben der Belohnung auch noch eine neue Identität und ein sicherer Aufenthaltsort in Großbritannien zugesichert werden, verrät er den Ermittlern schließlich ein mögliches Versteck von Scheich Mohammed.[21] Fortan wird in Rawalpindi, unweit der pakistanischen Hauptstadt Islamabad, in der Nisar Road Nr. 18a das Anwesen des Mikrobiologen Abdul Qadoos Khan überwacht sowie dessen Telefon abgehört. Am 1. März 2003 schlagen die Ermittler dann zu. Diesmal haben sie Glück und erwischen das »Gehirn« der *Al Qaida* sowie Mustafa Ahmed al-Hawsawi, der den Attentätern vom 11. September das nötige Geld für die Pilotenausbildung und den Unterhalt in den USA übermittelt hatte.

In dem von US-Präsident George W. Bush ausgerufenen »Krieg gegen den Terrorismus« ist die Festnahme von Scheich Mohammed endlich ein vorzeigbarer Erfolg. Nachdem die Nummer drei der *Al Qaida* dingfest gemacht ist, wird die Terrorwarnung auf Code Gelb zurückgestuft. Die größte Gefahr scheint gebannt zu sein.

Aber wie wenig es angebracht ist, Entwarnung zu geben, wird bereits ein paar Tage später deutlich. Die Auswertung der bei Scheich Mohammed gefundenen handgeschriebenen Notizen sowie der Computer-Daten sind dazu angetan, die Sorgenfalten der Ermittler eher zu vertiefen. Den Aufzeichnungen nach arbeitet *Al Qaida* verstärkt an der Entwicklung von biologischen und chemischen Kampfstoffen. Auf den Disketten finden die FBI-Beamten ausgefeilte Pläne zur Herstellung von biologischen Giften wie etwa Botulinumbazillen.[22] Dieses Lebensmittelgift kann ohne Schwierigkeit in großen Mengen hergestellt werden und ist tödlich, wenn es über die Atemwege aufgenommen wird.

Bereits im Zweiten Weltkrieg hatten die Japaner Botulinum an Kriegsgefangenen getestet. Es gehörte auch zum B-Waffen-

Programm der Sowjets und wurde in den 90er Jahren teilweise bei Anschlägen von der Aum-Sekte eingesetzt. Amerikanische Experten schätzen, daß eine Freisetzung von Botulinumbazillen in der Luft, beispielsweise bei einer Massenveranstaltung im Freien, in einem Umkreis von 500 Metern mindestens jeden zehnten Besucher töten oder verletzen würde. Zudem sei die Mehrzahl der niedergelassenen Ärzte nicht in der Lage, auf Anhieb die richtige Diagnose zu stellen. Sogar Fachärzte würden Botulismus-Vergiftungen mit Kopfschmerzen und Erbrechen sowie im fortgeschrittenen Stadium mit Schluck- und Atemstörungen leicht mit ähnlichen Krankheitsbildern verwechseln.

Die bei Scheich Mohammed gefundenen Aufzeichnungen machen deutlich, warum der Terrorist ausgerechnet im Haus eines politisch unverdächtigen Mikrobiologen Unterschlupf gesucht hat. *Al Qaida* war inzwischen dazu übergegangen, in Pakistan Wissenschaftler für das Giftgasprogramm zu rekrutieren. Nun erscheinen plötzlich auch frühere Aussagen von verhafteten Terroristen in einem neuen Licht.

So war berichtet worden, daß *Al Qaida* in eigenen Labors Versuche machte und beispielsweise die Wirkung von Zyanid an Hunden testete. Dies hatte sich nach dem Ende der Angriffe auf Afghanistan noch bestätigt, als ein US-Fernsehsender in den Besitz von Videobändern aus dem Besitz von *Al Qaida* gekommen war, worauf Hunde zu sehen sind, die elendig in kleinen Kammern zugrunde gehen, nachdem man Zyanid eingeleitet hatte.

Als schließlich auch die restlichen bei Scheich Mohammed gefundenen Unterlagen und Computerdateien entschlüsselt sind, müssen die US-Behörden feststellen, daß die Arbeiten von *Al Qaida* an einem B- und C-Waffenprogramm deutlich weiter fortgeschritten sind als bislang angenommen. Nachdem die Ermittler Scheich Mohammed mit ihren neuen Erkenntnissen konfrontieren, gibt er sogar zu, auch an Konzepten zur Herstellung von Milzbrandbakterien beteiligt gewesen zu sein.[23]

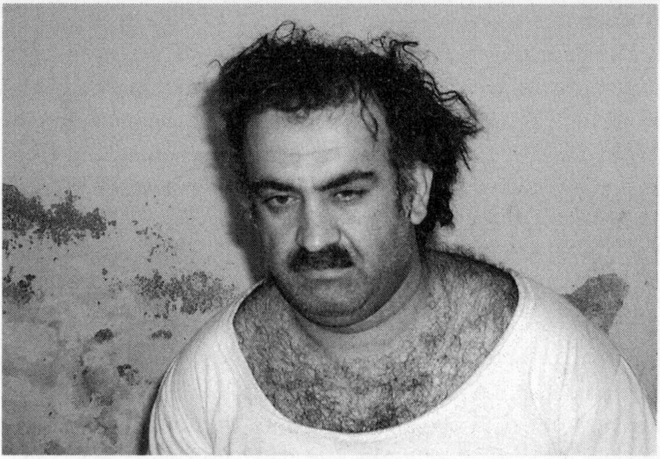

Khalid Scheich Mohammed nach seiner Verhaftung am 1. März 2003.

Dies ergänzt die Entdeckung von US-Militärs, die ein Jahr zuvor in Kandahar, der größten Stadt im Süden Afghanistans, auf ein verlassenes Labor gestoßen waren, in dem sich Milzbrandsporen fanden. Da aber die üblichen Gerätschaften fehlten, die gemeinhin zur Herstellung von Milzbrand (Anthrax) benötig werden, war man zunächst davon ausgegangen, daß es sich um natürlich entstandene Milzbrandsporen handelte. Aber nun wird klar, daß es hier ganz offensichtlich einen Zusammenhang gibt und die Gerätschaften nur an einen anderen Ort gebracht worden sind, wo inzwischen an neuen Kampfstoffen gearbeitet wird.

Die Ermittlungen im Umfeld von Scheich Mohammed bringen die Fahnder noch zu einer anderen ernüchternden Erkenntnis. Der operative Planungsstab von *Al Qaida* scheint weiterhin handlungsfähig zu sein. Das »Gehirn« der *Al Qaida* hat offensichtlich vorgesorgt und drei seiner Neffen als seine möglichen Nachfolger aufgebaut. Der Rückgriff auf die Verwandtschaft hat den Vorteil, daß somit Verrat so gut wie ausgeschlossen ist. Denn bereits Yousef hatte nach seiner

Verhaftung über die Identität seines Onkels und dessen weitere Pläne wie ein Grab geschwiegen. Zu den möglichen Nachfolgern gehören zwei Brüder von Yousef, nämlich Abd al-Munim Yousef und Abd al-Karim Yousef, der wie sein Onkel in den 80er Jahren auf der Landwirtschaftlichen und Technischen Universität in North Carolina studierte, sowie deren Cousin Ali Abd al-Aziz.[24]

Scheich Mohammed wird im Frühjahr 2003 von den USA an einem geheimen Ort außerhalb der Vereinigten Staaten festgehalten. Solange er sich nicht auf amerikanischem Hoheitsgebiet befindet, müssen sich die Vernehmungsoffiziere auch nicht an Recht und Gesetz der USA halten, wonach Folter verboten ist. Und um das »Gehirn« der *Al Qaida* zum Reden zu bringen, werden alle nur denkbaren Methoden angewendet. Stundenlang muß Scheich Mohammed stehen oder hocken. Zudem wird versucht, ihn mit Schlafentzug mürbe zu machen, indem man ihn mit Dauerlicht blendet. Er bekommt nur unregelmäßig etwas zu essen oder zu trinken.[25] Um ihn gesprächiger zu machen, werden ihm auch sogenannte Wahrheitsdrogen wie etwa Thiopental verabreicht, was ihn beruhigen und kontaktfreudiger machen soll. Dennoch ist es bislang nicht gelungen, aus Scheich Mohammed Näheres zu seinen Neffen oder zu den Verantwortlichen innerhalb von *Al Qaida* herauszubekommen. Seine Angaben sind eher allgemeiner Natur, dafür um so bedrohender. Seine Festnahme werde *Al Qaida* nicht behindern, sagt er bei seinen ersten Vernehmungen. Unter Osama Bin Ladens Anhängern gebe es »Dutzende Menschen wie mich, die bereit sind, ihr Leben zu geben, damit Amerikaner nirgends auf dieser Welt in Frieden leben können«.[26]

Epilog

Der Kampf gegen den Terror darf nicht zur Preisgabe demokratischer Rechte führen

Wie der Brutalität und dem Haß der Terroristen des *Al-Qaida*-Netzwerkes angemessen zu begegnen ist, wird seit dem 11.September 2001 in nahezu allen Ländern der Welt diskutiert. Die Positionen der einzelnen Regierungen reichen dabei von der Absicht, mit gleicher Härte zurückzuschlagen und gegebenenfalls auch demokratische Rechte außer Kraft zu setzen, bis hin zu der Auffassung, man müsse den islamischen Kräften dieser Welt einfach mehr Respekt entgegenbringen, ihre Kultur stärker achten und sie gleichberechtigt behandeln. In den Sicherheitskreisen wird darüber gestritten, ob massive Militärschläge wie im Fall Afghanistans eher zum Ziel führen – oder aber geheimdienstliche Operationen und die Auslobung hoher Kopfprämien.

Der Blick geht dabei immer wieder nach Washington, da die Vereinigten Staaten als Terrorziel Nummer eins besonders betroffen sind und die Bush-Administration den Kampf gegen den Terrorismus auch zum vorrangigen Ziel der internationalen Politik erklärt hat. Dort bevorzugt man eindeutig die härteste aller Gangarten. Rund 3000 Gefangene aus 42 Staaten werden seit nunmehr eineinhalb Jahren auf Militärbasen außerhalb der USA festgehalten, darunter viele Jugendliche ab 13 Jahren und ältere Menschen über 80. Ihnen wird weder der Status von Kriegsgefangenen noch von Kriminalhäftlingen zugebilligt. Sie werden kurzerhand als »illegal enemy combatants«, ungesetzliche feindliche Kämpfer, bezeichnet, für die es keinen Schutz durch die Genfer Konvention oder das Strafgesetzbuch gibt. Statt auf der Anklagebank landete mancher von ihnen auf der Folterbank.

Auf der US-Militärbasis Guantanamo/Kuba werden Mitglieder der *Al Qaida* unter fragwürdigen Bedingungen gefangen gehalten.

Auch die US-Bürger selbst sind betroffen, denn die Gesetze wurden extrem verschärft. Mehr als 1000 Personen hat man seit den Anschlägen von New York und Washington oft allein aufgrund ihrer Herkunft verhaftet, ohne daß man ihnen konkret etwas vorwerfen konnte. Nunmehr ist es möglich, Verdächtige ohne Angabe von Gründen oder einen Haftprüfungstermin beliebig festzuhalten. Anwaltsgespräche können abgehört, private Daten wie etwa das Ausleihverhalten in Bibliotheken polizeilich erfaßt werden. Ein Kontrollsystem bisher ungekannten Ausmaßes ist entstanden, das neu geschaffene Superministerium für Heimatverteidigung sowie das Verteidigungsministerium haben riesige Budgets zugewiesen bekommen.

Doch mit Gesetzesänderungen und der Umverteilung von Mitteln ist es allein vermutlich nicht getan. Die offensichtlich gewordenen Fehler bei der Verhinderung der mörderischen Anschläge bestanden ja vor allem darin, daß die konkurrierenden Dienste nicht richtig miteinander kommunizierten und man ausländischen Hinweisen nicht vertraute. Eine Professionalisierung und stärkere Vernetzung der Abwehrarbeit ist daher zweifelsohne erforderlich.

Das Gefährdungspotential insgesamt wird sich auf diesem Wege allerdings nicht abbauen lassen, denn deutlich zur Schau gestellte militärische Stärke hat in der Vergangenheit islamistische Gruppen kaum abschrecken können. Eher ist dadurch die Bereitschaft junger Muslime gewachsen, in den Märtyrertod zu ziehen.

Wenn es mittelfristig eine Überwindung des religiös geprägten Terrorismus geben soll, dann kann dies wohl nur dadurch gelingen, daß man den extremistischen Kräften die Basis und den weiteren Zulauf entzieht, so wie das bei der Bekämpfung des politischen Terrorismus in den 70er und 80er Jahren gelungen ist. Dazu bedarf es aber einer veränderten Politik. Die islamischen Länder müssen aus dem Westen glaubwürdige Signale erhalten, daß ihre Kultur in ihrer Andersartigkeit grundsätzlich respektiert wird, auch wenn es in vielen Punkten der Lebensgestaltung unterschiedliche Auffassungen gibt. Langfristig kann nur über Kooperation, nicht aber über Konfrontation die Spirale der Gewalt durchbrochen werden.

Anhang

Anmerkungen

Prolog

1 Lancaster, John: Suspect Said to Reveal Bin Laden Meeting, in: *Washington Post*, 11. März 2003; Eckholm, Erik: Pakistan Reports on Leads From Qaeda Aide's Arrest, in: *New York Times*, 11. März 2003. Der pakistanische Geheimdienst ISI führte am 10. März 2003 der internationalen Presse ein Video von der Verhaftung von Khalid Scheich Mohammed vor.
2 Khan, Kamran/Lancaster, John: Suspect Warns Attacks on U.S. Forces in Gulf, Officials Say, in: *Washington Post*, 7. März 2003.
3 McCarthy, Rory: Bin Laden, Hiding on Afghan Border, in: *The Guardian*, 7. März 2003.
4 Elliot, Michael: The Biggest Fish of them all, in: *Time*, 8. März 2003.

In tödlicher Mission

1 Protokoll des FBI-Beamten Charles B. Stern, 28. Februar 1995, über Aussage von Ramzi Yousef, 7./8. Februar 1995.
2 Reeve: New Jackals, S. 24/Aussage von Ramzi Yousef bei seinem Prozeß.
3 Protokoll des FBI-Beamten Charles B. Stern, 28. Februar 1995, über Aussage von Ramzi Yousef, 7./8. Februar 1995.
4 U.S.A. vs. Osama Bin Laden, Kreuzverhör von Jamal al-Fadl, 20. Februar 2001.
5 McDermott, Terry: The Plot – How Terrorists Hatched a Simple Plan to use Planes as Bombs, in: *Los Angeles Times*, 1. September 2002.
6 Zeugenaussage der INS-Beamtin Martha Morales, 15. November 1993, im ersten Prozeß »Anschlag World Trade Center«, zitiert nach Reeve: New Jackals, S. 140.

7 Zeugenaussage des INS-Beamten Mark Cozine, 9. November 1993, im ersten Prozeß »Anschlag World Trade Center«, zitiert nach Reeve: New Jackals, S. 140.
8 Bergen: Heiliger Krieg Inc., S. 170 f.
9 Miller/Stone: The Cell, S. 77.
10 Benjamin/Simon: The Age of Sacred Terror, S. 5.
11 Fabritius, Dieter: Abu Halima heiratete zweimal in München, in: *Süddeutsche Zeitung*, 26. März 1993.
12 Nakhoul, Samia: Die Aufrufe des blinden Predigers, in: *Frankfurter Rundschau*, 19. März 1993.
13 Benjamin/Simon: The Age of Sacred Terror, S. 17.
14 Emerson: American Jihad, S. 44 f.
15 ebenda
16 Protokoll des FBI-Beamten Charles B. Stern, 28. Februar 1995, über Aussage von Ramzi Yousef, 7./8. Februar 1995.
17 Wright, Lawrence: The Man behind Bin Laden – How an Egyptian Doctor becomes a master of terror, in: *New Yorker*, 16. September 2002.
18 Miller/Stone: The Cell, S. 54.
19 Bergen: Heiliger Krieg Inc., S. 87.
20 Protokoll des FBI-Beamten Charles B. Stern, 28. Februar 1995, über Aussage von Ramzi Yousef, 7./8. Februar 1995.
21 Protokoll des FBI-Beamten Bradley J. Garrett, 10. Februar 1995, über Aussage von Ramzi Yousef, 7. Februar 1995; Auswerte- und Erkenntnisbericht »*Al Qaida*« des Bundeskriminalamtes Meckenheim, Stand 10. Juli 2002.
27 Anklageschrift gegen Salameh wegen dessen Beteiligung an dem Anschlag, U.S.A. vs. Salameh, US Court of Appeals for the Second Circuit, August Term, 1997, vgl. Reeve: New Jackals, S. 148.
23 ebenda
24 ebenda
25 ebenda
26 Miller/Stone: The Cell, S. 85 f.
27 Anklageschrift gegen Salameh wegen dessen Beteiligung an dem Anschlag, U.S.A. vs. Salameh, US Court of Appeals for the Second Circuit, August Term, 1997, vgl. Reeve: New Jackals, S. 148.
28 Zeugenaussage der Krankenschwester Mary Ellen Kuch im

ersten Prozeß »Anschlag World Trade Center«, zitiert nach Reeve: New Jackals, S. 150f.
29 Reeve: New Jackals, S. 152.
30 Protokoll des FBI-Beamten Charles B. Stern, 28. Februar 1995, über Aussage von Ramzi Yousef, 7./8. Februar 1995.
31 ebenda
32 Benjamin/Simon: The Age of Sacred Terror, S. 7.
33 Reeve: New Jackals, S. 244.
34 ebenda, S. 33.
35 ebenda, S. 34.
36 ebenda, S. 35.
37 Miller/Stone: The Cell, S. 107f.

Die Operation »Bojinka«

1 Bericht der Philippine National Police, 13. Februar 1995, über Aussage von Abdul Murad, 11. Februar 1995.
2 Bericht der Philippine National Police, 20. Januar 1995, über Aussage von Abdul Murad, 19. Januar 1995.
3 Finn, Peter/Khan, Kamran: Bold Tracks of Terrorism's Mastermind, in: Washington Post, 9. März 2003.
4 Bericht der Philippine National Police, 31. März 1995, über Aussage von Abdul Murad, 31. März 1995.
5 Protokoll des FBI-Beamten Charles B. Stern, 28. Februar 1995, über Aussage von Ramzi Yousef, 7./8. Februar 1995.
6 ebenda
7 Aussage von Murad, 10. April 1995, zitiert nach Gertz: Breakdown, S. 23.
8 Miller, John: Interview mit Osama Bin Laden, ausgestrahlt *ABC News*, 28. Mai 1998.
9 Bericht der Philippine National Police, 20. Februar 1995, über Aussage von Murad, 13. Februar 1995.
10 Protokoll des FBI-Beamten Charles B. Stern, 28. Februar 1995, über Aussage von Ramzi Yousef, 7./8. Februar 1995.
11 ebenda
12 Reeve: New Jackals, S. 77, zitiert nach Anklageschrift des New Yorker Bezirksgerichts Süd gegen Ramzi Yousef.

13 Reeve: New Jackals, S. 78.
14 Bericht von Atty Romeo Macusi Acop, Chef der Philippine National Police, 22. März 1995, über den Bombenanschlag auf PAL-Flug PR-434.
15 Reeve: New Jackals, S. 91.
16 Bericht der Philippine National Police über Vernehmung von Murad, 8. Februar 1995.
17 Reeve: New Jackals, S. 75.
18 Bericht der Philippine National Police über Vernehmung von Murad, 17. Februar 1995.
19 Huband, Mark: The CEO of al-Qaeda: Khalid Sheikh Mohammed, in: *Financial Times*, 14. Februar 2003.
20 Memorandum für den Chef der Philippine National Police, 27. Februar 1995.
21 Bericht der Philippine National Police, 22. März 1995.
22 Gunaratna, Rohan: Womaniser, joker, scuba diver: the other face of a Al-Qaida's No 3, in: *The Guardian*, 3. März 2003.
23 Bericht der Philippine National Police, 30. Januar 1995, über Aussagen von Murad, 27. und 30. Januar 1995.
24 Memorandum für den Chef der Philippine National Police, 27. Februar 1995.
25 McDermott, Terry u.a.: The Plots and Designs of Al Qaeda's Engineer, in: *Los Angeles Times*, 22. Dezember 2002 (Angaben zum Aufenthalt von Scheich Mohammed in den USA stammen überwiegend aus diesem Artikel).
26 Huband, Mark: The CEO of al-Qaeda: Khalid Sheikh Mohammed, in: *Financial Times*, 14. Februar 2003.
27 Schmidt, Susan/Pincus, Walter: U.S. Fears Nephews May Succeed Captive, in: *Washington Post*, 4. März 2003.
28 Jacquard: Die Akte Osama Bin Laden, S. 52.
29 Bergen: Heiliger Krieg Inc., S. 104.
30 ebenda, S. 108.
31 ebenda
32 Prozeßakten U.S.A. vs. Usama bin Laden, Zeugenaussage Isam ar-Ridi, 14. Februar 2001.
33 Prozeßakten U.S.A. vs. Usama bin Laden, Zeugenaussage Jamal al-Fadl, 6./7. Februar 2001.
34 ebenda

35 Prozeßakten U.S.A. vs. Usama bin Laden, Aussage Ali Mohammed, 20. Oktober 2000.
36 Prozeßakten U.S.A. vs. Usama bin Laden, Zeugenaussage Jamal al-Fadl, 6./7. Februar 2001.
37 ebenda
38 ebenda
39 Prozeßakten U.S.A. vs. Usama bin Laden, Zeugenaussage Jamal al-Fadl, 20. Februar 2001.
40 Prozeßakten U.S.A. vs. Usama bin Laden, Zeugenaussage Jamal al-Fadl, 6. Februar 2001.
41 Osama Bin Laden, Interview mit *Al-Dschasira*, ausgestrahlt am 10. Juni 1999.
42 Memorandum von Director Rodolfo Garcia, Police Senior Superintendent der Philippine National Police, undatiert; Computerausdruck des Bekennerschreibens des Fünften Bataillons der Befreiungsarmee.
43 Reeve: New Jackals, S. 86.
44 ebenda, S. 86.
45 ebenda, S. 87.
46 Protokoll des FBI-Beamten Charles B. Stern, 28. Februar 1995, über Aussage von Yousef, 7./8. Februar 1995.
47 Gertz: Breakdown, S. 21.

Im Krieg gegen die »Kreuzzügler«

1 Reeve: New Jackals, S. 87.
2 McDermott, Terry: The Ploz – How terrorists hatched a simple plan to use planes as bombs, in: *Los Angeles Times*, 1. September 2002.
3 Reeve: New Jackals, S. 97.
4 ebenda, S. 101.
5 ebenda, S. 105.
6 Hoffmann: Terrorismus, S. 236 f.
7 Protokoll des FBI-Beamten Bradley J. Garrett, 10. Februar 1995, über Aussage von Ramzi Yousef, 7. Februar 1995.
8 Protokoll des FBI-Beamten Charles B. Stern, 28. Februar 1995, über Aussage von Ramzi Yousef, 7./8. Februar 1995.

9 Waller, Douglas: Inside the Hunt for Osama, The Feds have tailed the Saudi and his secret network for years. So why didn't they stop the Africa bombings?, in: *Time*, 21. Dezember 1998.

10 Wright, Robin/Dahlburg, John-Thor: Legwork, Luck Closed Net Around Bombing Suspect, in: *Los Angeles Times*, 12. Februar 1995.

11 McDermont, Terry u.a.: The Plots and Designs of Al Qaeda's Engineer, in: *Los Angeles Times*, 22. Dezember 2002.

12 Risen, James/Johnston, David: Qaeda Aide Slipped Away Long Before Sept. 11 Attack, in: *New York Times*, 8. März 2003.

13 ebenda

14 Urteil im Berufungsverfahren U.S.A. vs. Ramzi Ahmed Yousef, Eyad Ismoil, Abdul Hakim Murad, 4. April 2003.

15 Weiser, Benjamin: Mastermind gets Life for Bombing of Trade Center, in: *New York Times*, 9. Januar 1998; Drogin, Bob/Meyer, Josh: Alleged 9/11 Mastermind Linked to Hamburg Cell Inquiry: A '99 meeting of the Bin Laden aide and hijakkers shows his key role, investigators say, in: *Los Angeles Times*, 6. Juni 2002.

16 Jacquard: Die Akte Osama Bin Laden, S. 57, zitiert aus einem Interview mit Osama Bin Laden, in: al-Qods al-Arabi (Arabisches Jerusalem), 27. November 1996.

17 Bergen: Heiliger Krieg Inc., S. 117.

18 Jacquard: Die Akte Osama Bin Laden, S. 61.

19 Rashid: Taliban, S. 91.

20 Rashid: Taliban, S. 67.

21 Jacquard: Die Akte Osama Bin Laden, S. 66, zitiert aus al-Watan al-Arabi (Arabische Nation), 19. Juli 1996.

22 ebenda

23 Bergen: Heiliger Krieg Inc., S. 113.

24 ebenda, S. 119.

25 Weiser, Benjamin: Mastermind gets Life for Bombing of Trade Center, in: *New York Times*, 9. Januar 1998.

26 ebenda

27 Nakashima, Ellen: Inquiry Shows Indonesian's Ties to Al Qaeda, in: *Washington Post*, 29. März 2003.

28 McDermont, Terry u.a.: The Plots and Designs of Al Qaeda's Engineer, in: *Los Angeles Times*, 22. Dezember 2002.

29 Nakashima, Ellen: Inquiry Shows Indonesian's Ties to Al Qaeda, in: *Washington Post*, 29. März 2003.
30 Bergen: Heiliger Krieg Inc., S. 121.
31 Miller/Stone: The Cell, S. 189.
32 Huband, Mark: The CEO of al-Qaeda: Khalid Sheikh Mohammed, in: *Financial Times*, 14. Februar 2003.
33 Jacquard: Die Akte Osama Bin Laden, S. 125.
34 ebenda, S. 124.
35 Cullison, Alan/Higgins, Andrew: Files Found: A Computer in Kabul Yields a Chilling Array Of al Qaeda, in: *Wall Street Journal*, 31. Dezember 2001.
36 Fouda, Yosri: The Masterminds, in: *Sunday Times*, 8. September 2002.
37 Fouda, Yosri: Top Secret, ausgestrahlt von: *Al Jazeera*, 5. September 2002.

Die Operation »Heiliger Dienstag«

1 Urteil des Hanseatischen Oberlandesgerichts gegen Mounir al-Motassadeq, 19. Februar 2003.
2 ebenda
3 Brinkbäumer, Klaus u.a.: Attas Armee, in: *Der Spiegel*, 2. September 2002.
4 Zeugenvernehmung Shadid Nickels, 6. November 2001, im Ermittlungsverfahren gegen Said Bahaji u.a.
5 Zeugenvernehmung Shadid Nickels, 21. November 2001, im Ermittlungsverfahren gegen Said Bahaji u.a.
6 Anklage des Generalbundesanwaltes beim Bundesgerichtshof gegen Mounir al-Motassadeq, 23. August 2002.
7 Auswerte- und Erkenntnisbericht »Al Qaeda« des Bundeskriminalamtes Meckenheim, Stand 10. Juli 2002; Anklageschrift U.S.A. vs. Zacarias Moussaoui, 1. Dezember 2001.
8 Schröm, Oliver: Tödliche Fehler, in: *Die Zeit*, 2. Oktober 2002; Hosenball, Mark: United States intelligence captures a top Qaeda field commander, in: *Newsweek*, 2. Dezember 2002.
9 Brinkbäumer, Klaus u.a.: Attas Armee, in: *Der Spiegel*, 2. September 2002.

10 ebenda
11 ebenda
12 ebenda
13 Zeugenvernehmung Shadid Nickels, 6. November 2001, im Ermittlungsverfahren gegen Said Bahaji u.a.
14 Urteil des Hanseatischen Oberlandesgerichts gegen Mounir al-Motassadeq, 19. Februar 2003.
15 ebenda
16 ebenda
17 Die Hochzeit von Said Bahaji sowie die Ansprache vom Ramzi Binalshibh wurden auf Video aufgenommen. Der 50minütige Film (»Hochzeit von Said«) fiel der Polizei am 14. September 2001 bei der Durchsuchung der Wohnung von Bahaji in die Hände.
18 Anklage des Generalbundesanwaltes beim Bundesgerichtshof gegen Mounir al-Motassadeq, 23. August 2002.
19 Aust/Schnibben: 11. September, S. 271 f.
20 ebenda
21 Urteil des Hanseatischen Oberlandesgerichts gegen Mounir al-Motassadeq, 19. Februar 2003.
22 Anklageschrift U.S.A. vs. Zacarias Moussaoui, 1. Dezember 2001.
23 Fouda, Yosri: The Masterminds, in: *Sunday Times*, 8. September 2002.
24 Paddock, Richard C.: From Canada to Kandahar: The Making of a Terrorist, in: *Los Angeles Times*, 22. Januar 2003.
25 ebenda
26 Fouda, Yosri: The Masterminds, in: *Sunday Times*, 8. September 2002.
27 Urteil des Hanseatischen Oberlandesgerichts gegen Mounir al-Motassadeq, 19. Februar 2003.
28 Ermittlungsverfahren des Generalbundesanwaltes beim Bundesgerichtshof gegen Said Bahaji u.a., 20. September 2001.
29 ebenda
30 ebenda
31 Fouda, Yosri: The Masterminds, in: *Sunday Times*, 8. September 2002.
32 ebenda

33 Fouda/Fiedling: *Masterminds of Terror*, Edinburgh 2003.
34 ebenda
35 Fouda, Yosri: The Masterminds, in: *Sunday Times*, 8. September 2002.
36 ebenda
37 ebenda
38 ebenda; Hosenball, Mark/Isikoff, Michael: Al Qaeda's Money Man, in: *Newsweek*, 24. März 2003.
39 Aust/Schnibben: 11. September, S. 42f.
40 Die *New York Times* hat auf der Basis der Protokolle von Funkgesprächen zwischen den Piloten der entführten Maschinen und der Flugleitung den Morgen des 11. September Minute für Minute rekonstruiert.
41 Aust/Schnibben: 11. September, S. 52.

Touristen im Visier von *Al Qaida*

1 Fouda, Yosry: The Masterminds, in: *Sunday Times*, 8. September 2002.
2 Aust/Schnibben: 11. September, S. 282ff. (Abdruck eines Dialoges zwischen Osama Bin Laden und Scheich Khaled al-Harbi, in dem Osama Bin Laden seine Eindrücke vom 11. September 2001 schildert. Das Gespräch hat vermutlich am 9. November 2001 stattgefunden und wurde auf einem Video festgehalten, das Anfang Dezember 2001 in Jalalabad den USA in die Hände gefallen ist).
3 ebenda
4 ebenda
5 ebenda
6 Aust/Schnibben: 11. September 2001, S. 275.
7 ebenda, S. 156.
8 ebenda, S. 157.
9 Serrano, Richard A.: Details on »Shoe Bomber« Released, in: *Los Angeles Times*, 22. Januar 2003.
10 Ferdinand, Pamela/Skipp, Catharine: Odor of Burning was First Sign of Trouble, in: *Washington Post*, 24. Dezember 2001.

11 Christian Ganczarski ist der deutschen Polizei und dem Verfassungsschutz schon länger als Islamist bekannt. Spätestens seit dem 11. September 2001 wird deshalb sein Telefon überwacht. Der Wortlaut des Telefongesprächs vom 11. April 2002 ist abgedruckt in: Theveßen: Schläfer, S. 141 bzw. *Süddeutsche Zeitung*, 18. April 2002.
12 Butler, Desmond: Terror Supect's Departure From Raises Concern in Other Nations, 24. Dezember 2002.
13 Ganczarski hat dies in Vernehmungen gegenüber deutschen Ermittlern zugegeben.
14 Fouda, Yosri: The Masterminds, in: *Sunday Times*, 8. September 2002.
15 ebenda (alle Zitate von Khalid Scheich Mohammed und Binalshibh sowie Schilderungen zum Ablauf des Interviews sind diesem Artikel entnommen).
16 McGirk, Tim: Terrorism's Missing Line, in: *Time Asia*, 27. Januar 2003.
17 Finn, Peter/Khan, Kamran: Bold Tracks of Terrorism's Mastermind, in: *Washington Post*, 9. März 2003.
18 Isikoff, Michael/Hosenball, Mark: Hunting in the Barren Hills, in: *Newsweek*, 17. März 2003.
19 Hosenball, Mark/Evan, Thomas: The Biggest Catch Yet, in: *Newsweek*, 10. März 2003.
20 ebenda
21 Isikoff, Michael/Hosenball, Mark: Hunting in the Barren Hills, in: *Newsweek*, 17. März 2003.
22 Gellman, Barton: Al Qaeda Near Biological, Chemical Arms Production, in: *Washington Post*, 23. März 2003.
23 ebenda
24 Schmidt, Susan/Pincus, Walter: U.S. Fears Nephews May Succeed Captive, in: *Washington Post*, 4. März 2003.
25 Van Natta Jr., Don: Questioning Terror Suspects in a Dark and Surreal World, in: *New York Times*, 9. März 2003.
26 Khan, Kamran/Lancaster, John: Suspect Warns Attacks on U.S. Forces in Gulf, Officials Say, in: *Washington Post*, 7. März 2003.

Chronik des internationalen Terrorismus

1967
Als Reaktion auf den verlorenen Sechs-Tage-Krieg wird am 11. Dezember 1967 die Volksfront für die Befreiung Palästinas (PFLP) gegründet. Es ist die Geburtsstunde des modernen internationalen Terrorismus. Da mit konventionellen Mitteln nichts gegen die israelische Armee auszurichten ist, soll mit »spektakulären Einzeloperationen die Aufmerksamkeit der Welt auf die Palästinafrage« gelenkt werden. Es wird eine rund 2000 Mann starke Sonderabteilung gebildet, die für Kommandounternehmungen zuständig ist.

1968
Eine Boeing 707 der israelischen Fluggesellschaft El Al wird auf dem Weg von Rom nach Tel Aviv nach Algier entführt. Es ist das erste Mal in der Geschichte, daß ein Passagierflugzeug für politische Zwecke mißbraucht wird. Erst nach über einem Monat zäher Verhandlungen werden die Geiseln gegen 16 Palästinenser ausgetauscht. Die spektakuläre Aktion macht die Palästinenserfrage zum Thema Nummer eins in den Nachrichtensendungen der Welt.

1969
Beflügelt durch den propagandistischen Erfolg sind fortan Flugzeugentführungen an der Tagesordnung. Allein 1969 werden 87 Kaperaktionen registriert, von denen 70 Erfolg haben.

1970
Nach der zeitgleichen Entführung von drei Flugzeugen im September 1970 läßt die PFLP eine leere Maschine vor eigens eingeladenen Pressevertretern in die Luft jagen. Die Botschaft lautet: Nächstes Mal werden die Passagiere zuvor nicht evakuiert.

1971
Nachdem Israel verstärkt Vergeltungsschläge einleitet, wird der Konflikt gezielt nach Europa getragen. Ein Netzwerk des Terrors entsteht, es beginnt die Zusammenarbeit mit linksgerichteten Terrorgruppen wie der Roten Armee Fraktion (RAF) in Deutschland und den Roten Brigaden (RB) in Italien.

1972
In einer Raffinerie der italienischen Hafenstadt Triest werden am 4. August 1972 Tanks mit 250000 Tonnen Erdöl in Brand gesetzt. Einen Monat später ermorden Mitglieder des palästinensischen Terrorkommandos Schwarzer September bei den Olympischen Spielen in München elf israelische Sportler.

1973
Die PFLP bietet europäischen Terroristen Unterschlupf und Ausbildungsmöglichkeiten, so der Irisch-Republikanischen Armee (IRA) und der baskischen Separatistenorganisation ETA. Eine Internationalisierung des Terrorismus ist die Folge.

1974
Ein Kommando der linksgerichteten Japanischen Roten Armee (JRA) besetzt am 14. September 1974 die französische Botschaft in Den Haag, um einen inhaftierten Genossen freizupressen.
Am 15. September wirft der junge Venezolaner Ilich Ramírez Sánchez, Kampfname Carlos, eine Handgranate in ein Pariser Café, wodurch Vergeltung geübt werden soll.

1975
Am 13. Januar beschießen Terroristen unter Leitung von Carlos in Paris ein israelisches Verkehrsflugzeug.
Am 21. Dezember überfällt ein sechsköpfiges Kommando aus Palästinensern und Mitgliedern der deutschen Terrororganisationen Revolutionären Zellen (RZ) und Bewegung 2. Juni die OPEC-Konferenz in Wien. Es gibt drei Tote. Die Geiselnehmer unter Carlos lassen sich mit den Ölministern ausfliegen. Carlos erhält in der Presse den Beinamen »der Schakal«.

1976

Ein Terrorkommando aus Palästinensern und Mitgliedern der RZ entführen am 27. Juni eine Maschine der Air France nach Entebbe. Sie fordern die Freilassung von 53 Häftlingen. Israelische Spezialkräfte befreien die Geiseln und erschießen die Entführer.

1977

In Deutschland erschießen Mitglieder der RAF am 30. Juli Jürgen Ponto, den Vorsteher der Dresdner Bank. Am 5. September entführt ein Kommando der RAF den Arbeitgeberpräsidenten Hanns-Martin Schleyer. Es sollen 11 RAF-Gefangene freigepreßt werden. Zur Unterstützung der RAF kapern am 13. Oktober vier Palästinenser die Lufthansa-Maschine »Landshut« und entführen sie nach Mogadischu. Ein Spezialkommando des deutschen Grenzschutzes befreit die Geiseln und tötet drei der vier Entführer.

1978

In Italien entführen die linksgerichteten Roten Brigaden den italienischen Ministerpräsidenten Aldo Moro und ermordeten ihn später.

1979

Carlos gründet die Organisation Internationaler Revolutionäre (OIR), die bald zu einer Art terroristischer Söldnertruppe wird, die im Auftrag von Geheimdiensten diverser Diktaturen weltweit Anschläge verübt.

1981

Im Auftrag des rumänischen Geheimdienstes Securitate verübt die Carlos-Gruppe am 21. Februar einen Bombenanschlag auf den US-amerikanischen Sender »Radio Freies Europa« in München. Es ist der Auftakt einer ganzen Reihe von Anschlägen der OIR.

1982

Carlos übernimmt Aufträge des syrischen und libyschen Geheimdienstes für Attentate. Als seine Lebensgefährtin, die deutsche Terroristin Magdalena Kopp, in Paris verhaftet und zu einer mehrjährigen Gefängnisstrafe verurteilt wird, erklärt er Frankreich den

Krieg. Mit einer ganzen Serie von blutigen Anschlägen versucht er seine Geliebte vergebens freizubomben.

1983

Am 13. April 1983 verübt die OIR in Athen im Auftrag Libyens einen Anschlag auf den saudi-arabischen Botschafter, unterstützt von den griechischen Terrororganisationen 17. November und Revolutionärer Volkskampf (ELA).

Am 25. August 1983 wird von Carlos' Gruppe ein Bombenattentat auf das französische Kulturzentrum Maison de France in Westberlin ausgeführt. Danach zieht sich Carlos zunächst nach Syrien ins Exil zurück und wird letztlich 1994 im Sudan verhaftet und an Frankreich ausgeliefert, wo er seitdem eine lebenslange Haftstrafe absitzt.

1984/1985

Die Hintergründe des internationalen Terrorismus verschieben sich. Statt politischen sind nun vermehrt ethnische oder vor allem religiöse Konflikte die Ursache für Anschläge. 1985 macht die pro-iranische *Hisbollah* erstmals mit einem offenen Brief »an die Entrechteten im Libanon und in der Welt« von sich reden. Die *Hisbollah* kämpft gegen den Zionismus, für die Vertreibung der israelischen Armee und für die Errichtung eines islamischen Gottesstaates. Es entstehen die ersten Selbstmordkommandos, die sich »Wächter der Revolution« nennen.

1987

Mit dem Beginn des palästinensischen Volksaufstandes gegen die israelischen Besatzer (Intifada) wird die islamische Widerstandsbewegung *Hamas* in Konkurrenz zur PLO gegründet. Ihre Märtyrer-Brigaden werden mit den Selbstmordattentaten zu einer der gefährlichsten Terrororganisationen der Welt. Finanzielle Unterstützung erhält sie aus der gesamten islamisch-arabischen Welt und von Ablegern in Europa.

1988

Der Afghanistan-Krieg geht dem Ende zu, die geschlagenen Truppen Moskaus müssen sich zurückziehen. Zu den Mudschaheddin (Gotteskrieger), die die Sowjets in einem zehnjährigen Guerilla-

Krieg niedergerungen haben, gehört der 1957 geborene Osama Bin Laden. Er läßt ein »Verzeichnis der kämpfenden arabischen Brüder« anlegen. Dieses »Basisregister« der Freiwilligenarmee gibt der Organisation dann den Namen: *Al Qaida* (die Basis).

1989/1990

Nach Kriegsende kehren etwa tausend Afghanistan-Veteranen zurück in ihre Heimatländer. Viele davon gehen in den Untergrund und bilden ein Reservoir von sogenannten »neuen Terroristen«, die den Dschihad in die Welt tragen. Im Jemen entsteht die Untergrundgruppe *Islamischer Dschihad*, die für die Errichtung eines Kalifats unter Führung von Bin Laden kämpft.

1991

Osama Bin Laden geht mit 400 seiner Anhänger in den Sudan und errichtet dort das Hauptquartier der *Al Qaida*. Von Afghanistan aus arbeitet sein Stellvertreter al-Zawahiri an der Wiederbelebung des *Islamischen Dschihad* in Ägypten.

1992

Als Reaktion auf den blutigen Bürgerkrieg in Algerien, wo die Regierung aus Angst vor einer Islamistischen Republik die Islamische Heilsfront (FIS) verbietet, gründen Fundamentalisten die Terrororganisation GIA (Bewaffnete islamische Gruppen). Von Algerien aus schwappt der Terror nach Europa. Splittergruppen der GIA, wie die Salafi Group for Call and Combat (GSPC), werden vor allem in Frankreich aktiv.

1993–1995

Die USA geraten als Israel-Unterstützer mehr und mehr ins Visier der Islamisten. Am 26. Februar 1993 verüben erstmals islamistische Terroristen auf dem Boden der Vereinigten Staaten einen spektakulären Anschlag: In der Tiefgarage des World Trade Center explodiert eine 1200 Pfund schwere Bombe. Es sterben sechs Menschen, mehr als 1000 werden verletzt.
Im saudi-arabischen Riad explodieren am 13. November 1995 vor der US-Militärbasis zwei Bomben. Es gibt sieben Tote, davon fünf US-Amerikaner.

1996

Osama Bin Laden kehrt nach Afghanistan zurück. Unter der schützenden Hand des Taliban-Regimes läßt er dort wieder Ausbildungslager errichten. Zehntausende von Dschihadis aus aller Welt erlernen in den folgenden Jahren in den Camps das Handwerk des Terrors. Danach kehren sie in ihre Heimat- oder Gastländer in Europa oder in den USA zurück, schließen sich zu Zellen zusammen und verüben Anschläge oder warten als sogenannte Schläfer auf ihren Einsatzbefehl.

Die Ausbildungscamps in Afghanistan sind genauso Anlaufstelle für Mitglieder der algerischen GIA wie für Rebellen der *Abu Sayyaf* (Träger des Schwertes), die auf den Philippinien für die Errichtung eines islamischen Gottesstaates morden, oder Anhänger der Erweckungspartei in Tadschikistan. Osama Bin Laden und *Al Qaida* werden mehr und mehr zur Terror-Holding für all jene Gruppen, die aus einem falsch verstandenen Islam heraus die Weltherrschaft ihrer Religion erkämpfen wollen.

Am 25. Juni kommt es zu einem Bombenanschlag gegen die US-Militärbasis im saudi-arabischen Dhahran. 19 US-Soldaten werden getötet und hunderte von US-Amerikaner und Saudis verletzt.

Am 23. August erläßt Bin Laden eine Fatwa und erklärt den US-Amerikanern den Heiligen Krieg.

1998–2001

Al Qaida entwickelt sich zur mächtigsten und gefährlichsten Organisation in der Geschichte des modernen Terrorismus. Keine andere Gruppierung zuvor konnte auf ein so eng geknüpftes Netz aus vielen unterschiedlichen Basen in aller Welt zurückgreifen. Osama Bin Laden ruft am 22. Februar durch eine weitere Fatwa zur Bildung einer Internationalen Islamischen Front für den Dschihad gegen »Juden und Kreuzfahrer« auf. Gerechtfertigt werden darin erstmals auch Angriffe auf amerikanische Zivilisten.

Am 7. August 1998 verüben Selbstmordkommandos Bombenanschläge auf die US-Botschaften in Kenia und Tansania. Insgesamt sterben 263 Menschen und mehr als 4500 werden verletzt. Am 12. Oktober 2000 rast im Hafen des jemenitischen Aden ein Selbstmordkommando in einem mit Sprengstoff beladenem Schlauch-

boot in die Backbordseite des US-amerikanischen Kriegsschiffes »USS Cole«. Es gibt 17 Tode und 39 Verletzte.
Den Höhepunkt des Terrors bilden die Angriffe vom 11. September 2001: 19 Terroristen entführen vier Passagierflugzeuge und lenken sie in die Zwillingstürme des World Trade Center und ins Pentagon. Die vierte entführte Maschine, die vermutlich ins Capitol in Washington rasen sollte, stürzt über einem Acker im Bundesstaat Pennsylvania ab. Insgesamt gibt es mehr als 3000 Tote. Es ist der schlimmste Anschlag in der Geschichte der Vereinigten Staaten.

2002
Trotz weltweiter Fahndungsaktionen und verschärfter Sicherheitsvorkehrungen gelingen den Anhängern von Osama Bin Laden im Verlauf des Jahres 33 Attentate und Mordanschläge, wobei 373 Menschen ums Leben kommen. Im April sterben bei einem Anschlag auf der tunesischen Ferieninsel Djerba 19 Menschen, bei einem Anschlag mit einer Autobombe werden am 12. Oktober auf der Ferieninsel Bali 187 Menschen getötet und mehr als 300 zum Teil schwer verletzt.

2003
Al Qaida muß empfindliche Rückschläge hinnehmen. Am 1. März wird in Pakistan Khalid Scheich Mohammed verhaftet, nachdem zuvor für seine Ergreifung 25 Millionen Dollar Belohnung ausgesetzt worden waren. Osama Bin Laden bleibt unauffindbar.

Die Attentäter vom 11. September 2001

Flug American Airlines 011 Boston–Los Angeles, Boeing 767. Das Flugzeug rammte um 8.45 Uhr den Nordturm des World Trade Center.

Mohammed Atta (Pilot), geb. 1968 in Ägypten
Abd al-Asis al-Umari, geb. 1979 in Saudi-Arabien
Wail al-Schari, geb. 1973 in Saudi-Arabien
Walid M. al-Schari, geb. 1978 in Saudi-Arabien
Satam al-Sukami, geb. 1976 in den Vereinigten Arabischen Emiraten

Flug United Airlines 175 Boston–Los Angeles, Boeing 767. Das Flugzeug rammte um 9.03 Uhr den Südturm des World Trade Center.

Marwan al-Shehhi (Pilot), geb. 1978 in den Vereinigten Arabischen Emiraten
Fajis Ahmed, geb. 1977 in Saudi-Arabien
Ahmed al-Ghamdi, geb. 1979 in Saudi-Arabien
Hamsa al-Ghamdi, geb. 1980 in Saudi-Arabien
Mohald al-Scheri, geb. 1979 in Saudi-Arabien

Flug American Airlines 077 Washington–Los Angeles, Boeing 757. Das Flugzeug stürzte um 9.43 Uhr in das Pentagon.

Hani Hanjour (Pilot), geb. 1972 in Saudi-Arabien
Khalid al-Midhar, geb. 1975 in Saudi-Arabien
Nawaf al-Hazmi, geb. 1976 in Saudi-Arabien

Madschid Mukid, geb. 1977 in Saudi-Arabien
Salim al-Hazmi, geb. 1981 in Saudi-Arabien

Flug United Airlines 093 Newark–San Francisco, Boeing 757. Das Flugzeug stürzte um 10.10 Uhr bei Shanksville, Pennsylvania, ab.

Ziad Jarrah (Pilot), geb. 1975 im Libanon
Ahmed al-Hasnawi, geb. 1980 in Saudi-Arabien
Ahmed al-Nami, geb. 1977 in Saudi-Arabien
Said al-Ghamdi, geb. 1979 in Saudi-Arabien

Bibliographie

Alexander, Yonah; Swetnam, Michael S.: Usama Bin Laden's *Al-Qaida*: Profile of a Terrorist Network. Ardsley 2001.

Aust, Stefan; Schnibben, Cordt (Hg.): 11. September – Geschichte eines Terrorangriffs. München 2001.

Baer, Robert: Der Niedergang der CIA – Der Enthüllungsbericht eines CIA-Agenten. München 2002.

Carr, Caleb: Terrorismus – Die sinnlose Gewalt. Historische Wurzeln und Möglichkeiten der Bekämpfung. München 2003.

Benjamin, Daniel; Simon, Steven: The Age of Sacred Terror. New York 2002.

Bergen, Peter: Heiliger Krieg Inc. – Osama bin Ladens Terrornetz. Berlin 2001.

Brisard, Jean-Charles; Dasquié, Guillaume: Die verbotene Wahrheit – Die Verstrickungen der USA mit Osama bin Laden. Zürich 2001.

Bodansky, Yossef: Bin Laden – The Man Who Declared War on America. Roseville 2001.

Corbin, Jane: The Base – In Search of Al-Qaeda – The Terror Network That Shook the World. London 2002.

Dohnanyi, Johannes und Germana von: Schmutzige Geschäfte und Heiliger Krieg – *Al-Qaida* in Europa. Zürich 2002.

Emerson, Steven: American Jihad – The Terrorists Living Among Us. New York 2002.

Fouda, Yosri; Fielding, Nick: Masterminds of Terror. Edinburgh 2003.

Frank, Hans; Hirschmann, Kai (Hg.): Die weltweite Gefahr – Terrorismus als internationale Herausforderung. Berlin 2000.

Gertz, Bill: Breakdown – How America's Intelligence Failures Led to September 11. Washington D.C. 2002.

Gunaratna, Rohan: Inside Al Qaede – Global Network of Terror. London 2002.
Hacker, Friedrich: Terror – Mythos, Realität, Analyse. Wien 1973.
Hesse, Reinhard: Ground Zero – Der Westen und die islamische Welt gegen den globalen Djihad. München 2002.
Hirschmann, Kai; Gerhard, Peter (Hg.): Terrorismus als weltweites Phänomen. Berlin 2000.
Hoffmann, Bruce: Terrorismus. Der unerklärte Krieg. Neue Gefahren politischer Gewalt. Frankfurt a.M. 1999.
Hoge, James F. jr.; Rose, Gideon (Hg.): How Did This Happen? – Terrorism and the New War. New York 2001.
Jacquard, Roland: Die Akte Osama Bin Laden – Das geheime Dossier über den meistgesuchten Terroristen der Welt. München 2001.
Ders.: Les archives secrètes d'*Al-Qaida* – Révélations sur les héritiers de Ben Laden. Paris 2002.
Katz, Samuel M.: Relentless Pursuit – The DSS and the Manhunt for the Al-Qaeda Terrorists. New York 2002.
Laquer, Walter: Die globale Bedrohung. Neue Gefahren des Terrorismus. Berlin 1998.
Longman, Jere: Among the Heroes – United Flight 93 & the Passengers & Crew Who Fought Back. New York 2002.
Miller, John; Stone, Michael (with Mitchell, Chris): The Cell – Inside the 9/11 Plot, and Why the FBI And CIA Failed to Stop It. New York 2002.
Pillar, Paul R.: Terrorism and U.S. Foreign Policy. Washington D.C. 2001.
Pohly, Michael; Durán, Khalid: Osama bin Laden und der internationale Terrorismus. München 2001.
Rashid, Ahmed: Taliban – Afghanistans Gotteskrieger und der Dschihad. München 2000.
Reeve, Simon: The New Jackals – Razmi Yousef, Osama Bin Laden and the Future of Terrorism. Boston 1999.
Reuter, Christoph: Mein Leben ist eine Waffe – Selbstmordattentäter. Psychogramm eines Phänomens. München 2002.
Roth, Jürgen: Das Netzwerk des Terrors. Hamburg 2001.
Sharma, Rajeev: Pak Proxy War – A Story of ISI, bin Laden and Kargil, New Delhi 2002.

Thamm, Berndt Georg: Terrorismus – Ein Handbuch über Täter und Opfer, Hilden 2002.
Theveßen, Elmar: Schläfer mitten unter uns – Das Netzwerk des Terrors und der hilflose Aktionismus des Westens. München 2002.
Ulfkotte, Udo: Propheten des Terrors – Das geheime Netzwerk der Islamisten. München 2001.
Waldmann, Peter: Terrorismus – Provokation der Macht. München 1998.
Williams, Paul L.: Al Qaeda – Brotherhood of Terror. New York 2002.
Woodward, Bob: Bush at War. New York 2002.

Abbildungsnachweis

AP: S. 24, 177

dpa: S. 82, 121, 141, 159, 164, 169, 173

FBI: S. 13, 112, 129

Pentagon: S. 153, 180

Privat: S. 137

Personenregister

In den Medien werden die arabischen Namen in unterschiedlicher Schreibweise widergegeben; bei bekannteren Namen wurde im Interesse der Wiedererkennbarkeit die gebräuchliche Schreibweise verwendet. Im Register sind die Namen unter dem ersten Buchstaben des Nachnamens eingeordnet.

Abouhalima, Mahmud (der »rote Mahmud«, Ägypter, beteiligt an den Vorbereitungen für die Anschläge auf das World Trade Center 1993, 1993 verhaftet und verurteilt) 22–24, 26, 28f., 32, 47, 49

Ajaj, Ahmed Mohammed (in Afghanistan Ausbildung zum Terroristen, 1993 wegen Beteiligung am Anschlag auf das World Trade Center verhaftet und verurteilt) 17–22, 26, 30f., 49

Atef, Mohammed (Militärchef der *Al Qaida*, bei der Bombardierung Afghanistans durch die USA 2001 getötet) 11, 87f., 158f.

Atta, Mohammed (Ägypter, Mitglied der Hamburger Zelle, Pilot bei den Anschlägen vom 11. September 2001) 125, 127, 129, 132–135, 137–139, 141–149, 157f.,162, 166

Ayyad, Nidal (Jordanier, Chemielaborant in den USA, beteiligt am Anschlag auf das World Trade Center 1993, 1993 verhaftet und verurteilt) 34–36, 47, 49

al-Aziz, Ali Abd (Cousin von Ramzi Yousef) 34–36, 47, 49

Azzam, Abdullah (radikaler Führer des Dschihad in Afghanistan, Mitbegründer der *Al Qaida*, fiel 1989 einem Terroranschlag zum Opfer) 27, 78f., 80f., 85, 130–132

Bahaji, Said (Marokkaner, Mitglied der Hamburger Zelle) 131–133, 146f., 158

Bhutto, Benazir (ehemalige Premierministerin Pakistans) 52

Bin Laden, Osama (saudischer Millionärssohn, nach Azzams Tod alleiniger Regent von *Al Qaida*) 8, 10–12, 18, 21, 27, 51, 57f., 72, 78–88, 106, 113–120, 122f., 128–132, 136, 155f., 159, 162–164, 168, 170–174, 178
Binalshibh, Ramzi (Jemenit, Mitglied der Hamburger Zelle und Koordinator der Anschläge vom 11. September 2001) 125–128, 130–133, 137–147, 155, 158f., 162, 165–169, 173
»Blinder Scheich«; siehe Rahman, Omar Abdel
Bradshaw, Phil (Ehemann von Sandra Bradshaw) 152
Bradshaw, Sandra (als Stewardeß bei den Anschlägen vom 11. September 2001 getötet) 152
Burnett, Deena (Ehefrau von Tom Burnett) 152
Burnett, Tom (als Flugpassagier bei den Anschlägen vom 11. September 2001 getötet) 152
Bush, George (Präsident der USA 1989–1993) 87
Bush, George W. (Präsident der USA seit 2001) 11f., 152, 172, 175, 179

Carlos; siehe Ramírez Sánchez, Ilich
Cheney, Richard (amerikanischer Politiker) 152
Clinton, Bill (Präsident der USA 1993–2001) 42, 52, 57, 58f., 110, 135

DiGiovanni, John (Opfer des Anschlags auf das WTC 1993) 40

al-Fadl, Jamal (Gründungsmitglied der *Al Qaida*) 85
Ford, Gerald (Präsident der USA 1974–1977) 173
Foley, Laurence (US-Diplomat, 2002 in Amman erschossen) 170
Fouda, Yosri (Journalist) 163–167
Freeh, Louis J. (1996 Direktor des FBI) 110

Ganczarski, Christian (Kontaktmann in Deutschland) 162f.
Glick, Jeremy (als Flugpassagier bei den Anschlägen vom 11. September 2001 getötet) 152
Glick, Lyz (Ehefrau von Jeremy Glick) 152
Guerrera, Edith (Hotelangestellte in Manila) 62

Hanjour, Hani (Saudi, Pilot bei den Anschlägen vom 11. September 2001) 142, 149, 151
Hanson, Peter (als Flugpassagier bei den Anschlägen vom 11. September 2001 getötet) 150
al-Harathi, Ali Kaid Sinjan (Funktionär von *Al Qaida*) 170
al-Hawsawi, Mustafa Ahmed (Finanzchef der Anschläge vom 11. September 2001) 147, 175
al-Hazmi, Nawaf (Saudi, Mitglied des Selbstmordkommandos vom 11. September 2001) 137f., 142, 144, 149
Hekmatyar, Gulbuddin (Vertrauter Rahmans, fundamentalistischer Führer in Afghanistan) 28
Herrera, Jimmy (Erster Offizier der philippinischen Fluggesellschaft PAL) 65
Hussein, Saddam (1979–2003 irakischer Staats- und Regierungschef) 12, 20, 83

Ikegami, Haruki (Opfer eines Sprengstoffattentats 1994) 64–66
Isamuddin, Riduan (Indonesier, Kampfname Hambali, Statthalter der *Al Qaida* in Südostasien) 118
Ismoil, Eyad (beteiligt am Anschlag auf das World Trade Center 1993) 35, 37f., 44

Janjalani, Abdurajak Abubar (Gründer der Rebellenorganisation *Abu Sayyaf*) 58
Jarrah, Ziad (Libanese, Mitglied der Hamburger Zelle, Pilot bei den Anschlägen vom 11. September 2001) 132, 134–139, 142, 149, 152

Kahane, Meir (orthodoxer Rabbiner, Anführer der radikalen Kach-Partei, bei einem Attentat in New York 1990 getötet) 25, 28, 48
Khalifa, Mohammed Jamal (Schwager Bin Ladens, Geldgeber der philippinischen Terrororganisation *Abu Sayyaf*) 58, 72, 106
Khan, »der Löwe«; siehe Shah, Wali Khan Amin
Khan, Abdul Qadoos (Pakistani, führendes Mitglied der Partei Jamaat-e-Islami) 7f., 175
Khan, Ahmed Abdul (Sohn von Abdul Qadoos Khan) 7, 9
Kirkpatrick, Robert (Opfer des Anschlags auf das World Trade Center 1993) 39f.

Knapp, Stephen (Opfer des Anschlags auf das World Trade Center 1993) 39f.

Lavin, Bill (Überlebender des Anschlags auf das World Trade Center 1993) 39

Macko, Bill (Opfer des Anschlags auf das World Trade Center 1993) 39f.
Mahmud (der »rote Mahmud«); siehe Abouhalima, Mahmud
Majid, Abdul; siehe Mohammed, Khalid Scheich
Mercado, Wilfredo (Opfer des Anschlags auf das World Trade Center 1993) 40
al-Midhar, Khalid (Saudi, Mitglied des Selbstmordkommandos vom 11. September 2001) 137f., 142, 144, 149
Mohammed, Abed (Bruder von Scheich Mohammed, starb bei einem Attentat) 83, 85
Mohammed, Hamza (Sohn von Scheich Mohammed) 168
Mohammed, Khalid Scheich (Pakistani, Deckname Abdul Majid, Operationschef der *Al Qaida*) 7–13, 15, 29, 53–55, 57, 67, 69–79, 88, 92, 94, 96f., 108–110, 112, 117f., 121, 123, 135–137, 140, 142f., 145, 147, 159–161, 163–168, 173–178
Mohammed, Scheich Ali Doustin Baluchi (Vater von Mohammed, Khalid Scheich, Großvater von Yousef, Prediger) 72
Mohammed, Scheich Zahed (Bruder von Scheich Mohammed, Geschäftsführer einer kuwaitischen Hilfsorganisation) 79f.
Mohammed, Zad (Sohn von Scheich Mohammed) 168
al-Motassadeq, Mounir (Marokkaner, Mitglied der Hamburger Zelle, in Deutschland wegen Beteiligung an den Anschlägen vom 11. September 2001 verurteilt) 132
Murad, Abdul Hakim (in Kuwait aufgewachsener Pakistani, Pilotausbildung in den USA, gemeinsam mit Yousef Vorbereitung verschiedener Attentate, 1995 verhaftet, 1997 in den USA verurteilt) 51–55, 57, 69–72, 91–93, 95–97, 99, 101, 105, 110, 117
Musharraf, Pervez (Pakistanischer General und Staatschef) 7

Nawar, Nizar Ben Mohammed (Attentäter von Djerba) 162f.
Nidal, Abu (palästinensischer Terrorist) 50

Olson, Barbara (als Flugpassagier bei den Anschlägen vom 11. September 2001 getötet) 151
Olson, Theodor (Ehemann von Barbara Olson) 151
Omar, Mullah Mohammed (Paschtune, Führer der Taliban) 114f., 118
Ong, Betty (als Stewardeß Opfer der Anschläge vom 11. September 2001) 151

Papst Johannes Paul II. 57, 59, 61f., 67, 71, 91–93, 95
Parker, Ishtiaque (Südafrikaner, Komplize von Yousef, Ramzi) 97–103

Rahman, Mohammed Abdel (Sohn des »blinden Scheichs« und Vertrauensmann Bin Ladens) 174
Rahman, Omar Abdel (der »blinde Scheich«, Anführer fundamentalistischer Muslime in New York, 1993 verhaftet und verurteilt) 24–28, 32, 34f., 48, 78, 87, 120, 174
Ramírez Sánchez, Ilich 50, 93, 99, 104, 113
Reid, Richard (Kämpfer für *Al Qaida*) 160f.
Reyes, Ed (Kapitän der philippinischen Fluggesellschaft PAL) 65f.
Rice, Condoleezza (Sicherheitsberaterin von Präsident Bush, seit 2004 Außenministerin) 11

al-Sadat, Anwar (ägyptischer Staatspräsident, 1981 bei einem Attentat getötet) 23, 26f., 119
Salameh, Mohammed (Jordanier, beteiligt am Anschlag auf das World Trade Center 1993, 1993 in den USA verhaftet und verurteilt) 29–39, 44–47, 49
al-Sayyad Nosair (Ägypter, Anhänger von Rahman, 1990 Attentat auf Meir Kahane, in den USA verhaftet und verurteilt) 25
Sayyaf, Abdul Rasul (Mudschaheddin, Gefährte Bin Ladens im Afghanistan-Krieg, Leiter eines Ausbildungscamps der *Al Qaida*, Namenspatron für die Rebellenorganisation *Abu Sayyaf*) 18, 58, 80
Scheich Mohammed; siehe Mohammed, Khalid Scheich
Shah, Wali Khan Amin (»Khan, der Löwe«, kämpfte in Afghanistan an der Seite von Bin Laden gegen die Sowjets, Vorbereitung

verschiedener Attentate, 1996 in den USA verurteilt) 57, 60, 69, 71, 92, 97, 111, 117, 119
al-Shehhi, Marwan (Araber, Mitglied der Hamburger Zelle, Pilot bei den Anschlägen vom 11. September 2001) 132, 135, 137–139, 141–143, 148, 150, 155, 157
Smith, Monica (Opfer des Anschlags auf das World Trade Center 1993) 39f.
Sweeney, Brian (als Flugpassagier bei den Anschlägen vom 11. September 2001 getötet) 150

al-Thani, Scheich Abdullah bin Khalid (1996 Religionsminister in Katar, befreundet mit Scheich Mohammed) 109
al-Thani, Scheich Hamad bin Jassim bin Jabr (1996 Außenminister von Katar) 110

Usui, Yukihiko (Opfer eines Sprengstoffattentats 1994) 65

Yasin, Abdul (Iraker, beteiligt am Anschlag auf das World Trade Center 1993) 32, 47
Yousef, Abd al-Karim (jüngerer Bruder von Ramzi Yousef, studierte gemeinsam mit seinem Onkel Scheich Mohammed in North Carolina) 76, 178
Yousef, Abd al-Munim (Bruder von Ramzi Yousef) 178
Yousef, Ramzi Ahmed (eigentlich Abdul Basit Mahmoud Abdul Karim, in Kuwait aufgewachsener Pakistani, Drahtzieher beim Anschlag auf das World Trade Center 1993 und bei zahlreichen weiteren Anschlägen, 1996 in den USA verurteilt) 15–24, 26, 28–36, 38f., 42–44, 48, 49–64, 66–73, 76, 88–93, 96–108, 110–112, 117, 119f., 123, 177f.

Zammer, Haydar (»Bruder Haydar«, Syrer, Werber für *Al Qaida* in Deutschland) 134f.
al-Zawahiri, Ayman (Ägypter, Mitbegründer des Islamischen Dschihad, Vizechef der *Al Qaida*) 80, 82, 119, 122, 159, 164, 170

Warum die Wolken nicht vom Himmel fallen: K. C. Cole erklärt die Welt

Das Universum in der Teetasse
Von der alltäglichen Magie der Mathematik
Von der Teetasse bis zur Flugreise, von der Kriminalstatistik bis zu den Lottozahlen: In nahezu allen Alltagssituationen sind wir von Mathematik umgeben. Die renommierte Wissenschaftsjournalistin K. C. Cole erklärt in ihrem Buch mit Witz und Leidenschaft die »Königin der Wissenschaft«.
»Mathematik stellenweise spannender als ein Krimi, das dürfte für einige Leser eine völlig neue Erfahrung sein.« SAARLÄNDISCHER RUNDFUNK
»K. C. Cole ist klug und hat einen weiten Horizont; sie behandelt ihren Gegenstand mit Humor, gesundem Menschenverstand und zuweilen mit wohltuender Respektlosigkeit.« DAVA SOBEL, AUTORIN DES WELTBESTSELLERS »LÄNGENGRAD«
Aus dem Englischen von Ulrike Seeberger. 255 Seiten. AtV 8080

Warum die Wolken nicht vom Himmel fallen
Von der Allgegenwart der Physik
Ohne daß wir es bewußt wahrnehmen, bestimmen physikalische Gesetze unser tägliches Leben: Energieerhaltung, Ursache und Wirkung, Ordnung und Unordnung, Schwerkraft und Fliehkraft. Dies alles erklärt uns K. C. Cole auf verständliche und unterhaltsame Weise – und auch, warum die Wolken nicht vom Himmel fallen.
»K. C. Cole versteht es wie nur wenige, wissenschaftliche Themen so interessant und verständlich zu vermitteln, daß plötzlich jeder durchblickt.« ESSLINGER ZEITUNG
Aus dem Englischen von Ulrike Seeberger. 256 Seiten. AtV 8088

Eine kurze Geschichte des Universums
Alles hat seinen Ursprung im Nichts: Der Urknall entstand aus dem Nichts, und mit ihm formte sich unser Universum. Schwarze Löcher saugen Materie in sich hinein und sind dennoch nichts weiter als Ansammlungen von Nichts, von Antimaterie. Anschaulich und sehr unterhaltsam erklärt K. C. Cole die Dinge, die die Welt im Innersten zusammenhalten.
»Das Buch ist so klar und so zugänglich wie Stephen Hawkings ›Kurze Geschichte der Zeit‹ und hat es verdient, weit verbreitet und viel gelesen zu werden.« PUBLISHERS WEEKLY
Aus dem Englischen von Ulrike Seeberger. 308 Seiten. AtV 2012

Mehr Informationen über K. C. Cole erhalten Sie unter www.aufbau-verlag.de oder bei Ihrem Buchhändler

AtV